朴炫宣（박현선） 著
邱麟翔 譯

二手芬蘭

從跳蚤市集到二手商店，來自家具設計師的參與式觀察報告

핀란드 사람들은
왜 중고 가게에 갈까？

헬싱키 중고 가게，빈티지 상점，
벼룩시장에서 찾은 소비와 환경의 의미

序

本書之所以誕生，或許要追溯至二十多年前姊姊半開玩笑的提問：「你不是很喜歡樹嗎？為什麼一直砍樹做木製品呢？」我一時間想不到適當回答，笑一笑就過去了。然而，隨著時間流逝，那個問句依然不斷敲打著我，而且我遲遲找不到能讓自己接受的答案，備受打擊。

進入藝術大學後，因為身處不停製作物品的環境裡，我心中的疑問變得愈來愈龐大。尤其是準備碩士畢業論文和成果時，煩惱更是變得加倍沉重——世上已有這麼多東西，製造更多東西，意義何在？做為一個切身感受到環境問題的現代人，消費和生產又有何意義？我想做的究竟是什麼？當時由於畢業期限在即，我不得不先正當化自己的行為，以取得畢業證書為重。後來本想就這樣一輩子迴避，矇混過去，但自從有了孩子，我再也無法忽視這個問題。

不久前於紐約聯合國總部舉行的氣候行動峰會上，來自瑞典的十六歲環保鬥士桑伯格（Greta Thunberg）在台上痛斥各國領袖「How dare you!」（你們竟敢這樣！）多達四次。她責備企業家和各國政府只顧追求經濟發展，迫使原本應該在學校裡好好學習並享受童年的青少年不得不走上街頭，也指責大人把自己製造出來的問題丟給下一代面對；倘若該屆峰會依然以失敗收場，絕不會原諒他們的背叛。[1]我對於桑伯格的憤怒深有同感，也因為身為一名旁觀者而備感內疚。

我不是相關領域專家，未曾研究過氣候變遷，並不了解回收再利用與再生的知識，也不清楚當今各國政府和企業為環境付出了多少實質努力；我只是一名生活在現代、對未來感到相當不安，並且對於所有和人類一同生活在地球上的動植物，以及即將背負這一切重擔的下一代感到非常抱歉的普通人。

為了學習北歐風格設計，我來到了寧靜的芬蘭首都赫爾辛基，這裡的人、物品和普通的日常生活深深吸引我的目光，令我著迷。赫爾辛基比起任何一座城市都勤於嘗試和改變，背後的思維正是「找出讓所有普通的一般人都能夠好好生活的方法」。過去十四年來，我目睹赫爾辛基的居民們不斷嘗試、創造出正向的改變，「一般人的力量」成了我的靈感，推動我開始寫作。

面對姊姊當年的提問，雖然我仍然不確定能否答出讓自己滿意的答案，但是關於「我想做的究竟是什麼」，我想先以本書來回答。我在寫書的過程中認識了很多人，當我了解到他們也抱持著相似的煩惱、憂慮和愧疚在生活，我不僅被同理，也獲得了慰藉。如果你也擁有類似的擔憂，希望這本書能為你帶來一點安慰。

「那些煩惱並不奇怪，不是你太過敏感，而是很正常的！」

二〇一九年十月

朴炫宣

---

1 權慧珍，〈你們奪走了我的夢想……環保少女桑伯格在聯合國激昂演說〉，《聯合新聞》，二〇一九年九月二十四日報導。

序 …… 003
第一章 這樣下去真的沒關係嗎？ …… 007
第二章 赫爾辛基的二手物品文化 …… 027
第三章 販賣捐贈物，所得用於公益 …… 057
第四章 替忙碌的你販售二手物 …… 091
第五章 想找芬蘭的設計品嗎？ …… 117
第六章 與芬蘭人的性格很像 …… 179
第七章 享受二手物品文化的芬蘭人 …… 233
第八章 依然不斷進化的芬蘭二手物品文化 …… 261
後記 …… 299

第一章

這樣下去真的沒關係嗎？

在芬蘭的陌生經歷

預料之外的事

我在赫爾辛基留學的第一個落腳處是學生住宿基金會 Hoas 提供的便宜宿舍。由於被分配到的宿舍距離學校很遠，上課不方便，再加上很想和當地人一起生活，我後來搬進了一般公寓。六個月後，不知道是否勞碌命，基於某些原因，我又得再次搬家，行李多到不能再多。

四處尋找合適的房子是件令人頭疼的事，卻也是難得的機會，可以嘗試在不同的地方生活。我住過古色古香、百年以上的石砌住宅，也住過外觀多樣且漂亮的木屋；住過兩廳六房的龐大宅邸（每個房間都有學生入住），也曾和室友擠在沒有獨立房間的小套房。

結婚以後，我在八年間搬了三次家。二〇一七年夏天又搬了一次，而且和孩子一起。芬蘭的人力費用很高，很難找到像韓國那樣迅速、親切且相對低廉的搬家打包服務，住附近且有類似需求的朋友之間經常互相幫忙。我們決定自行打包和搬家，但為了省點力，租了搬家專用的打包箱，費用從拿到箱子到收回箱子為止，按天數計算，好處是能按照打包和搬家所需的時間估算。關於箱子的數量，業者建議根據家的大小推估，每平方公尺需要一個箱子，五十平方公尺的家就訂五十個箱子，一百平方公尺的家就訂一百個箱子。當時我家是六十平方公尺，考量到業者建議箱子不要裝太滿以免搬不動，以及孩子出生後暴增了許多日用品，我們足足訂了七十個箱子。親眼目睹那七十個體積不小的箱子堆滿整個家，我幾乎喘不過氣。那些從抽屜、架子、倉庫裡蜂擁而出的物品，好似在嘲笑我們過去一直沒有好好整理自己的家。

因為搬家，我不禁開始思考：我的生活究竟從何時開始充斥這麼多物品？我真的需要這麼多東西嗎？這些東西我都有好好使用嗎？

在芬蘭生活，讓我對於所謂「理所當然」的標準產生了大幅度改觀。芬蘭的店家周末不營業，因為店員周末也要休息。若要加班，必須先徵得公司的同意，原因是公司必須支付加班費。若叫外送，必須支付包含人力費和車資在內的外送費用。車輛超速或闖紅燈時，罰款是根據違規者的年薪而定，因為罰款對於每個人而言的輕重應該是一樣

我住過的埃拉區（Eira）。

我住過的托科拉區（Toukola）。

我住過的昆普拉區（Kumpula）。

我住過的烏蘭林納區（Ullanlinna，又譯「烏拉堡」）。

的。[1]芬蘭的工業製品都很貴，而且不存在像韓國那樣的快速到貨和售後服務。在韓國只要一、兩千韓元（約台幣二十四至四十八元）就能輕易買到的美術材料，在芬蘭動輒五、六歐元（約台幣一百五十至一百九十元）。這裡沒有便宜的街邊小吃，在餐館用餐至少要十歐元以上。（於是不得不學著做飯，料理能力自然就提升了。）

生活在芬蘭所經歷的諸多不便提供了我很多思考機會。過去我在韓國認為理所當然的事，在芬蘭並不適用。與此同時，我也因此發現，抱持著不同的想法、哲學和標準，我一樣能生活得很好。我開始認為，所謂的「理所當然」，不應該是那些基於單方面推測而毫無根據的「本來就應該那樣」，而應該是在快速變化的社會中，成為不讓基本人權與秩序受到侵害的堅實基礎原則。

不是「水泥叢林」，是真正的「林」

相較於首爾，赫爾辛基是人口密度更低、規模更小的首都。雖然鄰接的波羅的海幾乎像內海一樣含鹽量低、少有波動，沒有海風的鹹味，很難讓人感受海洋城市的氛圍，飛翔於市區各處的海鷗發出的刺耳叫聲卻依然不停地提示：赫爾辛基是一座海洋城市。赫爾辛基市區裡有很多可以輕易步行抵達的公園和樹林，其中除了人為痕跡較多的現代公園，也有很多較原始的樹林能讓人盡情享受芬蘭特有的自然風光——直挺挺的白樺樹、松樹、冷杉，由凹凸起伏的岩層形成的獨特地形，以及如毯子般覆蓋於地上的苔蘚和蘑菇等。無論什麼國籍、年齡，都能在這樣的自然風光之中找到舒適與平靜。

很幸運的是，我們家曾經住在位於萬塔河（Vantaanjoki）與大海交匯的河口阿拉比安蘭塔區（Arabianranta）。春天，河岸成為從南邊飛來築巢的雁群棲息地；秋天，河面浮起洄游的鮭魚群製造出來的泡沫；到了冬天，河口鹽分低的河水很快就會結冰，等到積雪夠多、陸地與河面幾乎連成一片，人們會不約而同地開始於冰上行走。若從河口稍向內陸走，則能看見赫爾辛基市轄的維琪自然保護區（Viikki）[2]，區內有做為鳥類棲息地的蘆葦叢與生態豐富的溼地。在比成人還要高的蘆葦之間漫步，很容易就會忘記自己事實上身處一個國家的首都。

在芬蘭語裡，芬蘭被稱為「Suomi」，意為「湖之國」。一如其名，在冰河時期被冰河侵蝕過的區域都出現了湖。若面積達五百平方公尺以上即定義為「湖」，芬蘭約有十八萬座湖泊。在芬蘭生活多年後，我覺得「湖」對於芬蘭人而言不單只是「積聚了的水」，更與「休息」、「平靜」等精神層面息息相關。或許正因如此，芬蘭森林裡的湖畔有很多不易被發現、十分隱蔽的桑拿別墅。由於人口密度低，芬蘭人相當習慣獨處，別墅間的距離是愈遠愈好。若在網路上搜尋和預約，網站必定會顯示與鄰近別墅之間相距多遠。某次我們租用的別墅房東就以非常自豪的語氣和表情說：「這個湖的周邊，只有你們！」身為不那麼習慣獨處的外國人，我們反而必須努力平復內心的可怕想像。

「別墅」一詞乍聽豪華，但大致上就是具備基本生活用具和桑拿浴設備的木屋。只要時間允許，芬蘭人就會抽離所謂的現代文明，躲進桑拿別墅。近年由於旅遊業興盛，很多別墅都配備抽水馬桶、淋浴間、洗碗機等現代化設備，不過

我住過的阿拉比安蘭塔區。

依然有不少別墅沒有連接水電。即便平時再怎麼說喜歡大自然，只要在那樣的環境待上幾天，我比任何人都還坐立不安，而且很快就感到不便。例如，屋外的蹲式廁所每次使用後得鋪上木屑；太陽下山後必須依靠昏暗的燭光照明；因為沒有冰箱，久放就會腐壞的食物一概不能帶去。除了一定不會少的蚊子和蜘蛛，還得時時擔心遇見不知名的蟲子或動物，經常處於警戒狀態，不用多久就感到疲累。我原本以為這類經驗若有個一、兩次應該很有趣，事實上光三天兩夜的旅程都讓我感到吃力。到頭來，我喜歡的其

阿拉比安蘭塔區旁邊的維琪自然保護區蘆葦叢。

實是經過人類打理和整治後的「大自然」，而且只要看見都市裡的柏油路和路燈就感到安心。我只是一個平凡的現代人。

好笑的是，一開始置身這類環境，我感到極度陌生和不自在。第一次和芬蘭朋友住進森林中的桑拿別墅時，看著他們毫不猶豫地享受大自然，我忽然驚覺只有我一人縮手縮腳，而且竟然就像無法唱出所有人都會的歌曲一樣感到慚愧。由於親戚都住首爾，從未體驗過鄉下生活的我非常羨慕芬蘭人不怕走進大自然。他們毫無顧忌地投入湖泊和森林的懷抱刺激了我，也開始回想自己是否有過相同的體驗。芬蘭人擁有這樣的環境，而且懂得盡情享受，這是多麼大的祝福和幸運。

---

1 二〇〇二年，前諾基亞執行副總裁安西．萬約基（Anssi Vanjoki）在速限五十公里路段以時速七十五公里騎摩托車，結果因超速而被罰款十一萬六千歐元，成為一樁非常有名的軼事。

2 維琪自然保護區位於赫爾辛基中心地帶，也是萬塔河河口，具備了森林、溼地、島嶼等多種形態的自然環境，並以溼地上大片的蘆葦叢和賞鳥而著名。共計有三百多種鳥棲息於此，每年春天到來的雁群則相當壯觀。保護區的天然林中有物種多樣的樹木、草、菌類，棲息著鹿、蝙蝠、飛鼠、狐狸、青蛙、蜥蜴等。為了讓訪客在盡情享受大自然的同時不造成危害，森林和蘆葦叢裡設有簡易步道，另設有多個棚子和觀景台以便安靜觀察鳥類。

正視那些令人不適的真相

生產與消費的逆襲

二〇〇九年於赫爾辛基藝術設計大學（University of Art and Design Helsinki）[1]畢業後，我開始發展小型事業，與芬蘭在地生產者合作，少量製作並販售高品質且耐用的產品，於芬蘭、德國、比利時、新加坡等地販售。

我曾在二〇一一年至一三年與芬蘭膠合板製造商 Formesa 合作，其執行長拉米（Rami）繼承了父親的事業。拉米表示，他們數十年來一向以大量生產芬蘭設計的家具與家用品為主，近幾年生意逐漸被人力與生產成本較低的波蘭和愛沙尼亞等地業者搶走，正努力轉型為標榜高品質和高技術的小量生產模式，但並不容易。我也多次聽過別人建議我將目光轉向生產成本更低的國家，但我認為，重要的是必須想清楚自己是否想擴大事業的規模，以及要擴大多少。

與芬蘭的生產者合作的過程中，我面臨了很多疑問，使我不停地煩惱未來該如何發展——我想生產物品嗎？我敢說自己生產的物品是耐用的嗎？倘若消費者因為疏忽而導致物品損壞，或者消費者因為變心而不再使用，那物品做得再好也是枉然，不是嗎？無數的疑問不斷地拷問著我，每次思考到最後的結論都是「我沒自信」。而每當快要忘記，我又會反覆提出一些類似的疑問。現在，我決定好好地面對自己。

我們正活在一個充滿物品的世界。工業革命以後，量產模式普及，物價不斷降低，人人都能享有美好的便利。其中，生產者為了更快獲取資源以提高生產效率，紛紛將工廠設立在具備充足木材、水源、礦石等原物料的森林裡。於是，數十、數百年的樹木一棵棵倒下，土地被開挖，孕育生命的溼地也失去生息。[2]人類一直視自己為凌駕地球所有生命體之上的優越存在者，隨意使用資源並獲取自己想要的東西。人類或許還陶醉於自己的能力，毫無根據地認為大自然會為了人類而不斷地自行淨化和再生。人類對待大自然的態度，幾乎就像「統治者 **vs.** 被統治者」。即便這麼多年過去了，如此垂直、單向的關係，今日依然如故。

在物品的生產與加工過程中，環境污染及資源枯竭的問題日益嚴重，甚至直接威脅人類的健康。其中，棉花的生產尤其存在許多問題。目前最廣泛用於製衣的棉花對於病蟲害的抵禦能力非常脆弱，種植期間需噴灑大量殺蟲劑和肥料，那些化學物質不僅污染當地的土壤與地下水，更破壞周遭生態。[3]英國時裝設計師兼環保人士凱瑟琳．漢奈特（Katharine Hamnett）二〇一四年接受英國《衛報》採訪時曾指出：「現行的棉花（與有機棉相反）是世界上最不永續的纖維種類之一，種植期間需消耗大量的水和殺蟲劑，每年造成三十五萬名農夫死亡與一百萬次的住院。」[4]棉花的生產不僅污染環境，還加速了水資源短缺——每生產一件棉質

目前最廣泛使用的棉花，生產過程需消耗大量的水和殺蟲劑。
© Pure Waste Textile

T恤，就需要約兩千七百公升水。[5]人一天喝兩公升的水已經很不容易，可見得那是多麼巨大的用水量，遑論地球上所有的水只有三％能夠飲用，其中又有近三分之二難以取得。[6]再加上，人類不斷地生產超出當前需求的作物，物品卻往往基於各種原因在購買後的數年內就丟掉（抑或不曾被消費過就直接丟棄），實際上是非常大量的水污染及浪費，甚至直接關乎人類及生態系的存續與否。

全球人口正急劇增加；一九五〇年約有二十億人口，接著以等比級數劇增，二〇一八年已超過七十七億，專家預估二〇五五年左右人口將高達一百億。[7]光是最近七十多年內，人口就暴增了三倍以上。目前農牧業的一大問題，正是基於種子改良、設備提升、肥料及除草劑的過度使用而導致的土地與水污染。雖然要求改變這類生產環境的呼聲愈來愈大，採用有機農法的生產者比率愈來愈高，但仍然只占全體一％。[8]有一派質疑有機農法無法餵飽及滿足大量人口所需，也有一派主張即便有機農法的產量稍微少一些，考量到環境污染與化學物質對人體的影響，長遠來看仍利大於弊。

幾年前我看了《受輻射的狼群》（*Radioactive Wolves*），一部關於被人類遺棄的車諾比這片土地的生態系與相關科學家的紀錄片[9]。核災發生前，車諾比是前蘇聯當局推行農業的地區，許多人隨著大規模的開拓與開墾事業興起而紛紛移居，讓很多動物失去了原有的家園。尤其是狼和河狸，前者是人類的主要狩獵對象，後者則對農作物造成威脅。一九八六年發生核災後，由於嚴格限制人員出入，原本為了躲避人類而逃離車諾比的動物漸漸於當地重新現蹤。河狸建成水壩後，周邊陸續出現了魚、蜥蜴、鳥和昆蟲，許多草食動物也跟著來了。不久後，身為頂級掠食者的狼出現了。頂級掠食者的個數是討論一地生態系健康和平衡與否的重要指標。核災後的車諾比只不過是少了人類的出現，但仍有這麼多動植物回到原地、開始共存，而且逐漸達到平衡。雖然當地的水、土與動植物暴露在核輻射之中的事實一直沒有改變，但光是少了人類就讓一切看來漸趨平衡。那麼，「人類的存在」對大自然到底代表什麼？人類的一切生產活動、人類的存在本身，對生態系一點助益都沒有嗎？

每每在網路上看見有動物因為人類而受苦，每一字每一句都令人痛心和抱歉，但往往，我最終仍然毫無作為。不僅是動物；每當聽見有人每天生活在來自世界各地的塑膠垃圾堆裡、有孩童成天在對人體有害的電子產品垃圾堆裡翻找能賺錢的東西，我便會忍不住想——我們所懷有的無知和漠不關心，對某些人而言是多麼殘酷的懲罰！那些一旦正視就會令人不適的真相，或許都是你我「應該知道」的事。然而，即便懷抱這樣的想法，事實上，我同樣沒信心自己能夠好好正視。

我們真的消費非常多東西

我家沒有車。赫爾辛基的公共運輸系統很完善，我們不認為有必要買車。但我曾經想過將來若要買車，該買什麼樣的車。考量到化石燃料會產生碳排放且未來終將枯竭，我認為電動車或至少油電混合車才是理想的選擇。

但我們必須想一想：電動車真的和碳排放無關嗎？電動車的動力不是來自化石燃料的燃燒、看似毫無碳排放，但有研究指出，若採用產品的生命周期評估（LCA，Life-cycle assessment），包含從原物料的取得及處理、產品的製造、運輸、使用及維護，到廢棄及回收等產品壽命的所有階段，可能會得出不同結論——搭載大型電池的大型電動車，其LCA碳排放量雖然少於大型燃油車，卻多於小型燃油車。由於火力發電仍是主要發電方式，煤炭又是火力發電的主要燃料，電動車的生產過程及電池充電過程依然存在碳排放的問題。未來，若替代能源更加發展、再生能源生產的電力變得普及，電動車的碳排放量可望大幅降低。[10] 若真是如此，我想對於每個人而言都很不容易，畢竟原本以為改坐非燃油的電動車就能解決問題，事實上我們必須知道的事比想像中還要多，而且情況變得非常複雜。

確實，你我在無意間消耗了非常多資源和能源。只要去一趟超市就能發現，用來包裝水果和肉類的保鮮膜、保麗龍、罐頭、利樂包、塑膠罐等各類材質的容器一旦達到食品安全與衛生的目的，往往就被丟棄了。但那些垃圾同樣蘊含著看不見的資源和能源。只要想到製造那些垃圾的過程中也消耗了大量資源和能源，我便不知如何是好且為此感到難過。我並不是對於物質的使用抱持著否定的態度，只不過我們一直享有物質帶來的便利，減少了很多生活中的不便，卻從未回饋給大自然。

而且，如今網路購物正盛，很多東西在下單後幾天內就會送抵家門，但其中有些不是立刻被退貨，就是被丟進櫃子深處。甚至，有些東西便宜到就算不寄回退貨，一樣予以退款。物品要是損壞了，比起拿去修理，有時候換新的更便宜。

「退貨」雖說是退回自己不需要的東西，但過程中所消耗的能源就可以忽視嗎？在這個比以往更能便利消費、快速丟棄物品的世界裡，我們這樣下去真的沒關係嗎？

環境問題迫在眉睫而且愈來愈嚴重，令人無法忽視。以前聽聞南北極的冰層融化、漂浮於海上的廢塑料形成「垃圾島」，還能因為距離遙遠而置若罔聞；但正如韓國曾是世界工廠，在資本主義的運作下，各大工廠不斷遷徙，污染地球各地。生活在現代社會，我們不可能不消費，但我好奇的是，倘若我們開始意識現有的消費習慣及生產過程的問題，並提出質疑，情況會不會出現改變？

二〇一八年春天，韓國發生了「回收廢棄物之亂」。此前，韓國製造的廢棄物並不會在國內處理完畢，而會出口至中國。但隨著中國的環保意識提高，中國政府於二〇一七年宣布停收二十四類固體廢棄物，二〇一八年一月開始實施，被認為是導致「回收廢棄物之亂」的最大原因。為了中國該舉措而受苦的國家不只韓國，歐美各國同樣陷入了混亂。後來，幾個東南亞國家陸續接下重擔，開始進口回收廢棄物，解決了燃眉之急。此一事件如實反映了一地若要處理回收廢棄物——尤其是廢塑料——所要承受的環境污染是非常嚴重的。[11]

歸根究柢，這是一個全球性的問題。若繼續這樣下去，處理廢棄物的國家只不過是從東南亞國家變成別的國家，不會產生任何根本性的變化。資源並非無限，回收再利用及再生的技術必不可少，但最重要的，難道不是改善我們現有的生產與消費方式嗎？

1 赫爾辛基藝術設計大學於二〇一一年和赫爾辛基理工大學、赫爾辛基經濟學院合併，更名為阿爾托大學（Alto University）。（譯按：維基百科寫二〇一〇年）

2 Wulf, Andrea (2016). 'The invention of nature', London: John Murray, p59-60.

3 WWF 2018, accessed 17 Oct 2018. 網址：www.worldwildlife.org/industries/cotton。

4 Tansy Hoskins, 'Cotton production linked to images of the dried up Aral Sea basin', the Guardian, 1 Oct 2014, accessed 15 Dec 2018. 網址：www.theguardian.com。

5 'The impact of a cotton t-shirt', WWF2018, 16 Jan 2013, accessed 17 Dec 2018. 網址：www.worldwildlife.org/stories/the-impact-of-a-cotton-t-shirt。

6 WWF 2018, Water Scarcity, accessed 17 Dec 2018. 網址：www.worldwildlife.org/threats/water-scarcity。

7 Worldometers 2018, World population milestones, accessed 17 Dec 2018. 網址：www.worldometers.info/world-population。

8 John Reganold, 'Can we feed 10 billion people on organic farming alone?', the Guardian, 14 Aug 2016, accessed 16 Dec 2018. 網址：www.theguardian.com。

9 費希頓伯格（Klaus Feichtenberger）編導的紀錄片，片長約一小時，二〇一一年十月十五日於美國公共電視網（PBS）播出。

10 曹溪浣〈電動車都很環保?電池變大的話可不一定〉《韓民族日報》，二〇一七年十二月三十一日網路報導。

11 姜延實〈回收廢棄物之亂：從全球高危險產業的觀點來看〉《韓民族日報》，二〇一八年四月十三日網路報導。

第二章

赫爾辛基的二手物品文化

二手商店之城：赫爾辛基

超乎想像的二手商店數量

當年下定決心前往芬蘭這陌生的國家留學時，我對於芬蘭的了解僅止於世界級建築師阿爾瓦·阿爾托（Alvar Aalto）[1]，以及即將就讀的赫爾辛基藝術設計大學。我至今仍記得第一次飛到赫爾辛基的那天。二〇〇五年韓國到芬蘭沒有直航，我必須在歐洲其他城市轉機。當時因為年輕，再加上不知哪來的勇氣，我選擇了最便宜的班機，轉機兩次後才抵達目的地。結果歷經了時差和睡眠不足，又孤單一人，即便當時再年輕，最後也變得筋疲力盡，對於飛機餐的幻想和對於飛行的悸動似乎也跟著消失了。

歷經舟車勞頓、抵達學生宿舍後，裡面幾乎空空如也。但我沒時間陷入慌亂，為了展開像樣的生活，必須盡快開始布置。當年網路上很難找到赫爾辛基的生活情報，幸好不久後就發現有人為了減少留學生的困擾和不便，在論壇上分享相關資訊。我不只得知如何能以最快的速度、最有效率地處理好住宿登記、交通卡申請、銀行開戶、學生證申請等手續，更驚喜地發現能在二手商店以低價購入各類生活用品，並進而得知，具有相當規模的回收再利用中心（Kierrätyskeskus）就在距離學校不遠的地方。

令我十分好奇的回收再利用中心是一座大得從遠處就能看見的紅磚建築，外牆上畫有象徵「循環、再利用」的箭頭圖示，使人一目瞭然。由於當時是我人生第一次造訪販售二手物品的店家，內心有些緊張。一走進店鋪，看見井然有序的

最早開設的回收再利用中心位於赫爾辛基的凱拉薩里（Kyläsaari）。

空間和饒富趣味的物品，我放鬆了下來並開始到處探索。回收再利用中心陳列了各式各樣物品，分門別類整理得很好。一樓陳列體積較小的廚房用品、書籍、服飾、家電等，二樓則陳列體積較大的家具並設有家具維修站。那一天，我立刻買了書桌、椅子、茶几、燈具等急需使用的家具，在店員親切的幫助下將家具全都送上卡車，坐上副駕駛座，直接回到了我那空蕩蕩的宿舍。從那天起，我開始在往返學校的路上發現一間又一間二手商店。不久後更發現，赫爾辛基市區的二手商店數量超乎我的想像。

在赫爾辛基市區，要找到二手商店並不難。二手商店的芬蘭文為「Kirpputori」或「Kirppis」，每兩、三個街區就有一間，每個社區都有三、四間。許多地方還會定期舉辦室內或室外跳蚤市集，也經常舉辦以民眾為主體的相關活動，即便較小的城鎮或村落都不例外。在二手商店和跳蚤市集中，無論男女老少，每個人都不在意旁人的眼光，並且樂於其中。走進二手商店無關一個人的經濟和社會地位；買別人用過的東西也不是需要感到羞恥的事——不但能以便宜的價格買到需要的物品，也能為環保盡一份心力。於是，周末和朋友一起逛跳蚤市集不知不覺成了我的日常，我也自然而然成為某些二手商店的常客。有時與其說是為了尋找特定物品，不如說是為了消磨時間，或是一邊逛一邊紓壓、整理內心的想法。

回收再利用中心裡充滿了人們捐贈的各類生活用品。

RITVA'S

KIRPPIS
045 638 1232
JA

second
hand
www.recci.fi

P.HAGELSTAM
ANTIKVARIA
30
AUKI
Patina
kirpputori
HOME OF
VINTAGE &
SECOND
HAND
Kaj Franck
SCANDIA 8 € / KPL

赫爾辛基各類二手商店。

在芬蘭，為何二手物品文化如此蓬勃？我問過很多芬蘭人這個問題，但大多數人似乎都不太清楚——「因為我們以前過得很辛苦」、「因為沒什麼錢，所以需要買東西的話都會先去二手商店，那裡很便宜」。有人甚至表示，因為那對他們而言是再自然不過的事，聽到我提出的問題反而覺得很新鮮。

我後來意識到，前往芬蘭之前，我從未在二手商店買過東西。雖然小時候曾經接收姊姊和親戚用過的物品，但我從來沒有實際逛過二手商店。

頭幾次，我純粹只是為了快速、便宜地買到需要的東西而光顧二手商店；但很快地，我便感受到了二手商店的魅力。從小湯匙到大家具，二手商店就像百貨商場，各類物品應有盡有，而且不同年代的物品並陳，每一樣在同一間店裡都可能不會有第二件。再加上那些物品即便過了數年、數十年，被不同的人用過，依舊沒有損壞、保持完好，並且被帶到二手商店延續生命，不禁令人感謝那些沒有隨隨便便就丟棄物品，而是排除萬難帶來二手商店、讓物品繼續保有價值的人。

我之所以開始對二手物品文化產生興趣，不知道是因為迷上了芬蘭設計的老物件，還是因為沉醉在芬蘭的異國氛圍中，抑或出於「自己正在做好事」某種膚淺的自豪。但可以確定的是，芬蘭的二手物品文化不僅讓我能夠愉快地只憑個人喜好購物，更給了我機會深入思考現在、未來與自己想過的生活。不久之後，我自然而然開始關注起芬蘭二手物品文化的興起背景。

二手商店：實踐「循環經濟」的場域

二手商店是實踐「循環經濟」（circular economy）的場域。人類從工業革命至今，主要採用分為「開採（take）－製造（make）－丟棄（dispose）」三階段的線性經濟（linear economy）。線性經濟之下，資源被開採、製成物品後，一旦盡其用，就會被丟棄，導致資源無法循環。[2]也就是說，物品被消費者丟棄後，壽命就結束了。另一方面，線性經濟若要長期運作，必須持續投入便宜的資源。然而，隨著原物料價格的變動和暴增，以及資源枯竭的徵兆愈來愈明顯，其可行性正在動搖。據估計，至二〇三〇年為止，全球將新增三十億中產階級人士。屆時人類能否繼續維持單向且消耗性的線性經濟，成為問題。[3]顧名思義，「循環經濟」就是連接「線性經濟」的線頭兩端，形成一個可循環的圓形經濟結構，使原本在線性經濟之下壽命就終結的物品能夠透過維修、再利用或再生等過程，再次被使用。

「再生」不同於「再利用」，兩者之間乍看相似，經常被混淆；「再生」（Recycle）

是將物品進行處理，轉化為新物品的原料，需要高度發展的技術才能達成，而且過程中的加工或合成往往會使原料的性質產生變化，導致物性變弱或品質下降，很多時候必須再耗費能源，和其他材料合成；反之，「再利用」（Reuse）是繼續使用物品的整體或一部分，不需額外加工，只需進行簡單的維修或直接使用。二手物品文化的核心是「再利用」。消費者參與二手物品的文化，就能握有主控權，延長物品的壽命，協助將線性經濟轉型為循環經濟。

線性經濟

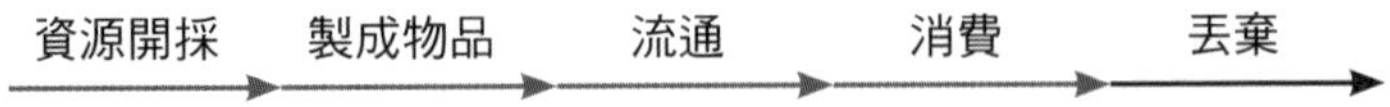

循環經濟

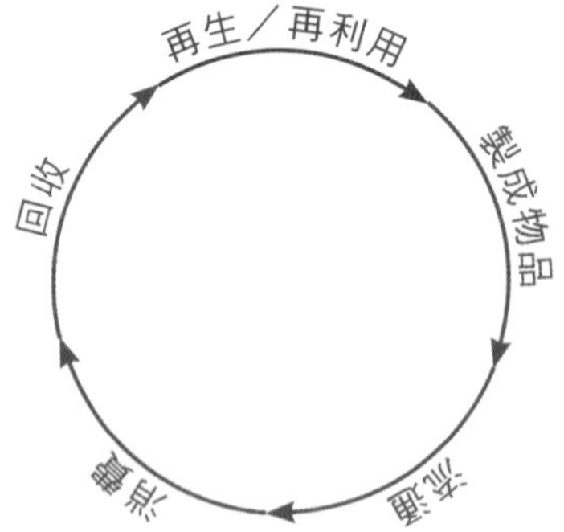

1 阿爾瓦·阿爾托（1898-1976）為芬蘭建築師兼設計師，是芬蘭現代主義代表人物，享譽全球。其建築作品可見於赫爾辛基等芬蘭各城市，以及美、德、法等國。其設計的家具依然在芬蘭品牌 Artek 販售。

2 李仁植〈循環經濟：在大自然裡尋找答案〉《國家經濟》，韓國開發研究院（KDI），二〇一四年十一月號。

3 張寶亨〈全球經濟生產力嚴重減緩：需要「循環經濟」〉《韓民族日報》，二〇一四年二月二日網路報導。

和我想像的北歐不同

設計強國的另一面

芬蘭設計以現代主義（Modernism）[1]為核心，阿爾瓦．阿爾托和凱．弗蘭克（Kaj Franck）[2]分別為最具代表性的兩大巨匠。二戰終止後的一九五〇年代，隨著量產模式普及，芬蘭設計的現代主義逐漸席捲歐洲，使芬蘭躋身「設計強國」之列。芬蘭特有的直率及大膽的風格，再結合功能性與簡潔美，開創出了芬蘭設計獨有的世界，直到現在都廣受世界各地的關注和喜愛。若純粹從設計的角度來看，芬蘭彷彿就是「優雅」和「洗鍊」的象徵。

以前看電視，總有節目搭配優美的古典樂展現歐洲人悠閒的日常生活——浪漫而激昂的旋律中，有人躺在草坪上享受正午，周圍是古色古香的石砌建築與小天使吹著號角的噴水池；有人沿著港口的堤岸慢跑，沿途可見停泊遊艇的桅桿隨著起伏的潮水輕輕搖

赫爾辛基大教堂（Tuomiokirkko，又稱「赫爾辛基主教座堂」）的白色與青色組合是整個城市的象徵，也反映了芬蘭樸素文靜的風格。

毫無粉飾、坦率平凡的模樣，是我最喜歡的赫爾辛基。

擺。每次看到那種節目都會不自禁地認為，經常包辦「全球最宜居、最幸福國家」的北歐人，似乎出生後就擁有了一切，彷彿是另一個世界的人。

實際看見的赫爾辛基卻和我想像的北歐相當不同——很平凡、很平淡，難以感受到人們以為歐洲會有的古色古香、雄偉和浪漫。我並不是希望路上要有閃亮亮的霓虹燈和熱鬧的人群，畢竟我在韓國就是個喜歡待在家的宅女和就算有機會也不知道怎麼玩的乖乖牌。但，無論哪裡，赫爾辛基整個城市都散發一種平淡、平凡的氛圍，讓我頗為驚訝。

最先引起我注意的自然是芬蘭人。我想像的北歐，每個人都很幹練、從容，享受著豐富的生活；然而，我在路上看見的芬蘭人相當樸素、簡約，甚至有些隨興，很難看見韓國路上經常出現的名牌包和衣服。不過，這也許是無論去哪個國家都會發生的現象——「紐約人、巴黎人，彷彿個個都是藝人或藝術家」是媒體和人們的期待造就出來的幻想。事實上，生活在那些城市的多數人每天不過是重複著極其平凡的日常。

芬蘭人無論到哪，通常都安靜寡言、面無表情，不太主動關心他人，也不太在乎旁人的目光。但，身為一個深受韓國思維影響的人——無論做什麼，最終都會思考和強調「我們」——處於芬蘭這種瀰漫個人主義的氛圍裡，不免深感彆扭。直到今天，我依然記得十四年前看見的情景——一位穿著西裝套裝、腳著運動鞋、背著大而精實的黑色後背包、頭髮綁著雙馬尾的女子，專心地騎著自行車在市區呼嘯而過。那一刻讓我驚訝地意識到——自己過去是多麼不必要地被定型化的外貌及行為標準所綁架，以此審視和評判自己及他人。

在學校遇見其他學生的經驗同樣令我印象深刻。某次，我看見走在我前方的學生的襪子破了洞，這讓後方的我苦惱了很久究竟該不該提醒他。幸好，我最終沒有走上前。但在猶豫時我一度輕率地想：他若發現破洞，一定很害羞，而且會感謝我告訴他，然而，就算有人連續幾天都穿同樣的衣服、有人完全不化妝或化很濃的妝，那都不會是芬蘭人對話的主題。我並不是特別懂得穿衣服或很了解時尚趨勢的人，可是過去住在不斷強調最近流行什麼、把對於「美」的高標準全數套用在所有人身上的韓國，現在到了芬蘭生活，這突然降臨的「自由」讓我好不習慣，路上任何人事物都能讓我陷入天人交戰。

赫爾辛基的街道同樣平凡無奇。雖然比起十多年前，城市人口增加了，商店和餐廳也變多了，但那些屋齡已經很久的房子在經年累月的風吹日晒之下，外觀已變得老舊，街上也沒有首爾常見的亮麗招牌、繽紛的電子廣告，或是穿透大門傳到室外的音樂。許

平淡、悠閒，正是赫爾辛基的魅力。

多來北歐旅行的韓國人認為赫爾辛基「沒什麼可看」，通常只停留半天、最多兩天就離開。他們會這樣認為或許情有可原，畢竟相較於斯德哥爾摩、哥本哈根，赫爾辛基的歷史短得多，缺少所謂「人們想參觀的歷史建築」；再加上人口少，城市規模小，真的沒有想像中那麼商業化。然而，雖然對短暫停留的遊客而言赫爾辛基可能是一座乏味的城市，但對於每天生活在當地的人來說，赫爾辛基是一座很快就能適應且令人感到舒適的城市——這是我在這裡生活了十四年的體悟。而且，我開始重新思考，什麼才是北歐人的「從容」。

以前的我認為，「從容」與「經濟能力」息息相關。就某種程度而言，這樣的想法當然沒錯，在資本主義社會中，很多事物只有掏錢後才能享有，具備一定程度的經濟能力當然有助於達成「從容」。但芬蘭社會卻存在著某些東西，無法單憑個人財力達成。包含芬蘭在內的北歐國家，公共財都十分完善；不僅從幼兒園到大學的學費免費，醫療服務同樣免費；人均享有的公共圖書館和博物館的數量為全球最多，設施水準亦高；城市裡設有許多形同居民自家前院的公園，自然環境也保護得很好。人們彼此信任的基礎之上，政府尊重每個人的生活，也徹底保障人人皆享有私人時間與家庭時間。行政機關的目標在於將重要資訊有效率、有條理地傳遞出去，同時提供各式各樣的福利措施以符合每個人的需求。無論收入多少、是否有財產，每個國民都能獲得適合自己的保護措施和優惠方案。這樣的社會安全網，讓人人都能擁有無法以金錢換算而來的「從容」。

我在芬蘭生產、育兒，過程中接觸到了學生時期未曾接觸的諸多社會福利措施；在國家補助下，孕婦的定期產檢和超音波檢查皆免費；負責孕婦生產照護的國立醫院也免費提供所有準父母生產教育課程及醫院設施簡介；大約預產期的一百天前，每個孕婦都會收到一大箱將近八公斤、裝滿產後照護與育兒用品的「育兒箱」

早期的木造住宅讓城市散發出寧靜平和的氛圍。

（Äitiyspakkaus）[3]。無論本國人或外國人，只要在芬蘭福利局（Kela）有登記，都有權申請育兒箱。若不需要，也可改領一百四十五歐元現金。育兒箱裡通常有嬰兒連身衣、內衣、T恤、褲子、禦寒衣等備用衣物，以及帽子、襪子、指甲剪、溫度計、毛巾、牙刷、乳液、圍兜和故事書等，並且定期透過問卷調查檢討和調整內容物，以符合時代變遷和社會需求。嬰兒衣服採用中性設計，男孩女孩都能毫無顧忌地穿；小孩出生後，父母皆享有帶薪育嬰假，以鼓勵父母雙方都參與育兒；小孩上小學前，所有

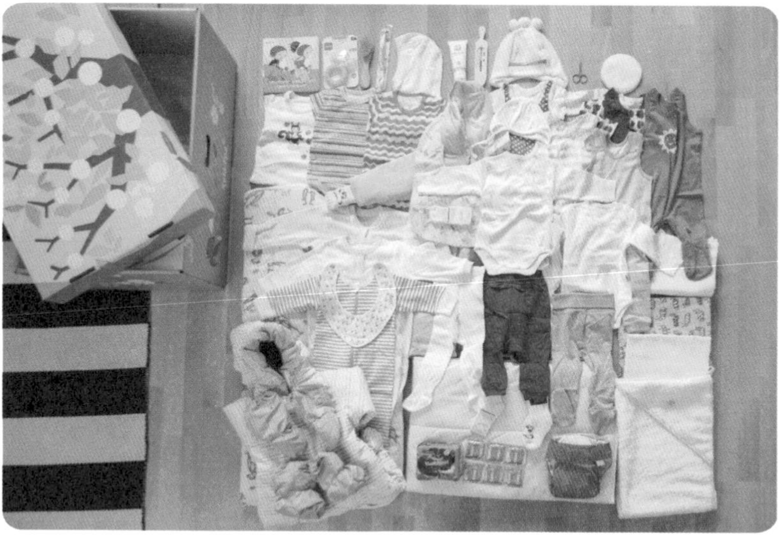

育兒箱具有「歡迎新生兒」與「尊重父母」的意義。

定期檢查與十八歲前的牙科診療都免費。除了少數人，大部分人都上公立幼兒園，學費根據各家庭的收入而有所不同。

生養孩子實在不是一件容易的事。但是，國家歡迎新生兒、認可並保護有孩子的家庭、優待正在養孩子的父母的社會氛圍，給沒有經驗的父母帶來了很大的安全感。那一點一滴的關懷逐漸累積起來，人民不僅能享有精神上的從容，對生活的態度也會產生很大的變化。

平民的國家

芬蘭有著和韓國頗為相似的歷史命運。芬蘭人擁有的盡是大片的岩盤地、因冰河侵蝕而出現的湖泊，以及綿延不盡的森林，可耕種面積十分稀少。歷史上，芬蘭長期夾在俄羅斯與瑞典兩大強國之間，兩國都將芬蘭視為可用來牽制對方的戰略要地。約十三世紀起，經過漫長演變，芬蘭逐漸以西岸城市為中心，緩緩構築出國家雛形，也開始希望能被視為一獨立國家。芬蘭人原本期待在瑞典的統治下自然而然獨立，一八〇九年卻開始被俄羅斯統治。一九一七年，芬蘭趁著國際局勢混亂之際宣布獨立，但此後很長一段時間內情況並未好轉。內戰、全球性的二次世界大戰，以及與蘇聯之間的國土紛爭，都讓甫獨立的芬蘭陷入了一蹶不振的泥淖。戰爭結束後，在工業化和機械化的浪潮下，芬蘭人開始重建傾頹的城市，締造出令人矚目的經濟成長，似乎終於過上了夢寐以求的穩定生活。然而，美夢沒有持續太久，由於嚴重的經濟蕭條，一九九〇年代初，芬蘭全國一度實施食物配給，讓人不敢相信芬蘭人直到幾十年前都還過著那麼艱苦的日子，與一般人腦海中對於北歐國家豐衣足食的印象相差甚遠。

此外，芬蘭擁有和其他北歐國家不太一樣的歷史背景。語言相近的瑞典、丹麥、挪威從很久以前就有皇室，其國內某些具有悠久傳統和歷史的著名工藝品品牌甚至會冠上「皇家」（Royal）字樣，彰顯該品牌曾為皇室貴族御用之物，現在也依然被視為高價的高級品牌。反之，向來是狩獵採集社會的芬蘭並沒有皇室。芬蘭設計現今受到全世界喜愛，但都是一般生活用品，並不存在其他歐洲國家那種價格高得令人難以負擔的奢侈品牌。芬蘭是一個由平民建立的國家，而芬蘭的二手物品文化正反映了一般人的日常生活。芬蘭人自然而然地買賣他們生活中的用品，使芬蘭發展出發達且豐富的二手物品文化。

雖然芬蘭人口不多，理應能快速適應變化並做出改變，但不知是否因為身處惡劣的氣候及貧瘠的地理條件之中，絕大多數芬蘭人似乎很早就意識到資源的重要性。他們經

芬蘭的二手商店和市集充滿了一般人在生活中使用的日用品。

常思考該怎麼做才能過得更好，為了追求更好的結果也從不吝於做出改變，而且這樣的性格至今依然。芬蘭人的天性巧妙融合了在貧瘠環境中開創出家國而產生的自豪，以及自認只是區區邊陲小國的自卑，總是散發著某種特有的直爽和樸素。時不時，我會想起芬蘭朋友經常發自內心問我「瑞典有更多可以看的東西，你當初為什麼不去瑞典，決定來芬蘭？」的表情。

然而，並不是每個芬蘭人都喜歡二手物品文化。我在訪問過程中得知，經歷過二十世紀中期苦日子的人，也有不少人一聽到「二手」就搖頭。當年由於物資短缺，只有少數人有福氣買新的，一般來說用別人用過的東西更理所當然，並不是每個人都有機會擁有符合自己喜好的物品。

那麼，走過了那段困苦的歲月，芬蘭如今物資充裕，為何年輕一代依然毫無忌諱地享受二手物品的文化？街上為何開了那麼多二手商店？我開始好奇。

1 現代主義是一股興起於歐洲且於歐洲盛行的思潮，體現於哲學、文學、藝術、科學等多重領域，為人類的生活帶來了深遠影響。十九世紀末至二十世紀初，為了重建歷經世界大戰而崩毀的城鎮並追求成長，人們亟欲擺脫傳統與權威，現代主義遂逐漸興起。其中，在建築及設計領域，現代主義主張去除裝飾、以功能為導向並追求簡潔，以創造出符合從工業革命後就開始變化的時代新形態。

2 凱．弗蘭克（1911-1989）為一九四〇至一九八〇年代芬蘭設計代表人物，擔任芬蘭陶瓷品牌 Arabia 藝術總監多年，留下許多作品。其中，代表作 Teema 系列和 Kartio 系列至今仍於 Arabia 及 Iittala 持續販售，深受人們喜愛。

3 育兒箱裡不僅有育兒用品，還有產婦所需的防溢乳墊、產褥墊，以及防止短期內再孕的保險套，總共超過三十種物品，空箱子則可做為嬰兒床。內容物中的床墊、床單、被子等，可以使用到孩子長到一定歲數為止。芬蘭人更因此發展出家家戶戶都會將箱子裝飾得漂漂亮亮的文化。包括「育兒箱」在內的芬蘭新生兒及孕婦福利措施於一九三七年制定並開始實施。當時，芬蘭是全球出生率倒數的國家，嬰幼兒及孕婦的死亡率也很高，因此亟需制定相關政策。起初只援助收入較低的家庭，一九四九年則擴展至所有母親。

無所不有的二手商店

不同類型的二手商店

談到「二手商店」，人們腦中通常浮現兩種截然不同的印象：可捐贈或低價買賣老舊物品的店家，以及高價買賣稀有古董的商店。有趣的是，我在赫爾辛基生活了不少時間，看過許多二手商店，發現芬蘭的二手商店事實上細分為很多類型，可說介於上述兩種極端之間。所有交易二手物品的活動與店家，按照不同的價格、品項、年齡、性別、年代，分為很多類型，所以無論男女老少，大部分人都喜愛二手物品文化。我試著按照「價格」與「銷售方式」，替交易二手物品的活動與店家分類如左圖。

位於最低價帶的捐贈二手商店主要由宗教或慈善團體經營，做為募捐管道之一，以此幫助面臨困境的人。被捐贈的物品會被分類，再依照狀態和市場價值定價。由於被捐贈的物品大多是人們曾經購買的商品，所以捐贈二手商店內主要是平凡的日用品，偶爾會出現知名的設計品。除了宗教或慈善團體投入經營，也不難發現一些私人經營的小型捐贈二手商店。

來到芬蘭後最吸引我注意的則是自助寄賣二手商店，這種相當有趣的類型是由店家提供出租櫃位並代為銷售，讓任何人都能輕鬆販售二手物，芬蘭文稱為「Itsepalvelu Kirppis」。自助寄賣二手商店內通常有很多相同形態和大小的櫃位，只要預約自己想要的櫃位和銷售時間，便會獲得條碼貼紙，讓你貼在欲販售的二手物上，接著自行定價，於寄

不同銷售類型的價格分布圖

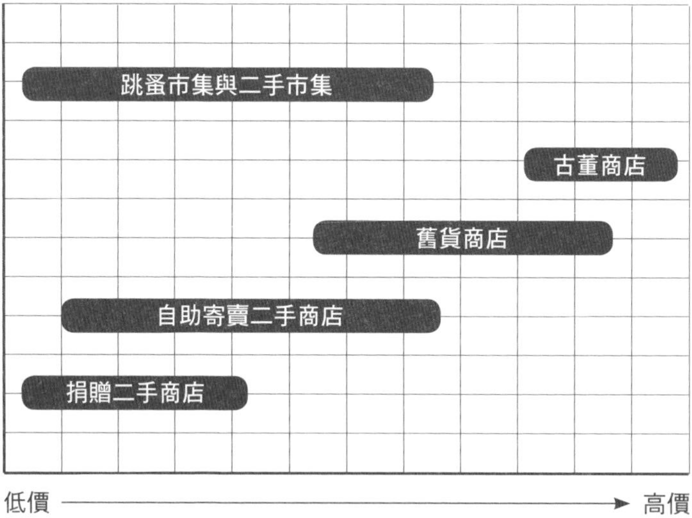

賣起始日上架，便可開始販售；到了寄賣截止日，整理並帶走剩下的未售物後，便可取得扣除櫃位租金的販售所得。這樣的模式允許賣家在販售二手物期間無須接觸顧客，省時又省力，同時又能處理掉不再使用的物品並帶來收益，在芬蘭很受歡迎，十分普遍。雖然上架的二手物都由賣家自行定價，店家也沒有規定價格區間，但大部分商品都很便宜。除了上述以櫃位為單位來出租和代售的店家，也有店家允許賣家在欲售物不多時以單個單個寄賣。

舊貨（vintage）[1]商店是販售老舊卻有價值之設計品的二手商店。芬蘭設計的物品並非以高價奢侈品、而是以具實用性的生活用品而聞名。不僅在國際上廣為人知，在國內也長期受到喜愛，因此不難在二手商店裡見到蹤影。芬蘭有不少舊貨商店的經營者是對服飾、家具、餐具等不同類型器物具備豐富知識及經驗的收藏家或商人。有同時販售不同品項的店家，有專精單一品項的店家，也有僅收藏特定年代物品的店家。踏入這類舊貨商店不僅能大飽眼福，還會像參觀介紹芬蘭設計歷史的博物館一樣，逛著逛著不禁肅然起敬。舊貨商店裡的二手物雖然很多曾經量產，價格主要仍依據品牌價值、稀有性、品項種類而定，大多屬於中、高價位。

古董商店，或稱古物（antique）商店，是位於最高價帶的二手商店，主要販售有歷史的老家具及室內裝飾品。除了芬蘭製的，通常也包含經由不同管道從歐洲各地流入的。簡言之，即古典、老派的歐洲風格。

二手市集

除了商店，赫爾辛基還有很多市集可以讓人享受二手物品文化。一年四季之中，很多地方都會舉辦跳蚤市集或二手市集。夏天的公園尤其常見戶外跳蚤市集，滿滿都是前來交易二手物的人。除了少部分專門蒐集稀有二手物的賣家定價可能較高，跳蚤市集大部分以買賣一般生活用品為主，價格低廉，人人都能參與。

近年也有愈來愈多人利用社群網站交易二手物品。尤其是臉書，幾乎每個社區都成立了自己的二手物交易社團，讓住附近的人能夠更方便、更有效率地進行二手物品交易。

此外，還有很多販賣二手物但不包含在上述類別的店家。首先，有專賣特定種類二手物的店家，例如二手書店、二手運動用品店等；再來，有些主要賣新品的店家也會在店內一隅設置二手物專區，例如，賣嬰兒車、奶瓶等全新育兒用品的店家同時設置一個代售二手嬰兒服的櫃位，讓原本打算買新品的顧客多一個二手物的選擇，或讓原本打算買二手物的顧客也考慮一下新品，破除了新品和二手物之間的界線。有的咖啡廳會在店內販售二手咖啡杯、馬克杯、玻璃杯等咖啡器具，吸引來訪客人注意。

這些經常舉辦且開放人人參與的各類二手商店及市集，營造出了「無論男女老少都能自然而然參與」的社會風氣，讓芬蘭的二手物品文化日益蓬勃。二手物不再只有捐贈一途、而是可以買賣的，這樣的文化如今已是芬蘭人的日常，不是只有特定人士才能參與。

接下來的章節我將藉由個人經驗與訪談相關人物，帶大家進一步認識芬蘭二手物品文化裡最具代表性的捐贈二手商店、自助寄賣二手商店、舊貨商店、跳蚤市集與二手市集。

---

1 「vintage」一詞，有「老舊」的意思，也有「優質」的意思。

第三章

販賣捐贈物，所得用於公益

回收再利用中心：二手物品的百貨商場

小至鈕釦，大至家具

捐贈二手商店可說是「二手物品的百貨商場」，販售各式各樣由一般民眾捐贈的物品，從衣架、相框到花盆等常見生活用品都有。捐贈辦法也很簡單，體積小的直接拿到店裡，體積大的可以請求到府回收，店員會現場評估物品的狀態再決定是否受理。必須注意的是，捐贈物品給二手商店基本上都是為了讓自己不再使用的物品能夠繼續被使用，所以不應該抱持「將沒用的東西丟給別人」的心態而捐贈毫無用處的物品，應該捐贈仍有使用價值、值得別人購買的東西。所有的捐贈二手商店都相當強調這一點。

前面提到，我抵達赫爾辛基之後最先踏入的二手商店是「回收再利用中心」。當時的我對回收再利用中心與二手物品文化毫無任何關心和背景知識，只是純粹出於需求和好奇心而前往。然而，開始關注與研究二手物品文化之後，我發現若要了解芬蘭二手物

位於奧隆格拉（Oulunkylä）的回收再利用中心。© Emmi Korhonen

捐贈二手商店裡有各式各樣生活用品。© Emmi Korhonen

品文化的成長背景及未來，就必須進一步認識回收再利用中心。

「回收再利用運動」的起源

芬蘭長期為資源不足所苦。即便在經濟快速發展的一九六〇、七〇年代，芬蘭人都未能迎來豐饒富足的生活，不僅物價高，物資也依然稀缺，將用過的物品出借或讓給別人使用因此相當普遍。然而，當時販售二手物的店家並不多。雖然有像救世軍那樣的慈善組織經營二手商店，人們普遍認為那些商店的二手物品狀態並不好——舊、髒，甚至散發臭味，若不是有所求，二手商店是能不去就不去的地方。

一九八〇年代左右起，芬蘭人開始關注能源節約與環境問題，進而出現「回收再利用運動」（Kierrätysliike），不論是捐贈或交換物品，從非營利組織到一般民眾紛紛響應。人們會到空地或公園擺出自己不再需要的物品，免費贈送或便宜賣出，後來逐漸成為例行活動。舉辦這類活動看似容易，實際上需要付出許多時間和努力，最重要的更是必須籌措足夠的資金和空間才能穩定持續。幸運的是，當時芬蘭環保署（Ministry of Environment）大力支持，撥了四十億芬蘭馬克[1]（相當於今日六、七億韓元，折合台幣約一千四百到一千七百多萬）做為草創經費。

一九九〇年十月三十日，芬蘭第一間回收再利用中心在凱拉薩里正式啟用。雖然此前很多地方都有二手商店，但凱拉薩里的回收再利用中心是第一間由政府機關直接參與且具備穩固基礎設施的二手商店。該建築的前身為垃圾焚化廠，改建為回收再利用中心的作法想必為許多人帶來了靈感。

隨著時間流逝，政府提供的龐大經費逐漸見底，回收再利用中心不得不開始打造能夠獨立運作的營運模式。原本捐贈給回收再利用中心的物品是免費提供給需要的人，僅少數物品透過拍賣售出；但自一九九二年起，所有物品都開始標上小額數目、低價售出，好讓回收再利用中心創造營收並自立自生。對於此番驟變，不少人批評回收再利用中心「當初說要幫助有困難的人，現在卻賺他們的錢，令人不敢置信」，不過，基於環保意識抬頭和能源節約議題，回收再利用中心的最高目標終究是改變消費者的消費觀念，並未因為反對輿論而退縮。另一方面，回收再利用中心也開始推廣環境教育和維修技能，並積極雇用弱勢群體，一步步奠定其做為社會企業的基礎。

後來，赫爾辛基市政府及赫爾辛基地區環境管理局（ＨＳＹ，Helsinki Region Environmental Service Authority，負責垃圾回收及水質管理的行政機關）開始支援回收再利用中心。不久後，赫爾辛基的周邊城市艾斯波（Espoo）、萬塔（Vantaa）、

被捐贈的物品需經過多次分類。

位於波地普依斯托（Portipuisto）的回收再利用中心。© Emmi Korhonen

捐贈物品時必須注意，不是「將沒用的東西丟給別人」，而是「替仍有使用價值、值得別人購買的東西尋找新的使用者」。© Emmi Korhonen

家具、自行車、家用電器等，必須經過專業人員維修後再販售。
© Heikki Kivijärvi

考尼艾寧（Kauniainen）也加入行列。目前赫爾辛基首都圈內共有九間回收再利用中心。

二手物的結合，也能變成新品

被捐贈到回收再利用中心的物品，經過檢查和確認後，會分為可立即上架販售的物品、可免費送出的物品，以及需維修再上架販售的物品。倘若維修後狀態仍不佳，也會試著和其他二手物結合在一起變成新品。要是仍然無法，才會送往焚化廠。

「Plan B」是回收再利用中心的「物品再製」自有品牌，目的是將狀態欠佳，難以直接販售或免費送出的物品結合在一起，製作成具商品價值的新品。例如一塊具審美價值的優質布料，因為反覆摩擦導致部分破洞或因曝晒而褪色，減少了人們的購買意願，於是透過「Plan B」將狀態好的部分重組，製作成具商品價值的新品。「Plan B」推出的產品十分多樣，從服飾、家具到家飾品都有。若是以布料製成的產品，則會標註一年保固期限。畢竟那些布料被製成新品之前通常已洗滌過數十次、數百次，無論再怎麼小心對待，都有可能隨著時間變得脆弱。[2]

回收再利用中心的政策顧問古提歐（Tuovi Kurttio）進一步指出：

「回收再利用中心是芬蘭目前唯一不將多餘衣物送到海外國家的二手商店。很多二手商店和服飾公司會將沒賣出的衣物和布料送到『他們認為需要外部協助』的第三世界國家，但我們必須知道，先進國家以『幫助』名義送去的很多物品，事實上也可能變成該國人民的負擔。舉例來說，品質差、在芬蘭賣不出去而被丟棄的物品，被送到另一個國家後，最終還是會被丟棄。而且這種未經充分思考的行為也可能破壞當地的產業，從海外送去的廉價物品很可能導致那些配合當地氣候及環境而發展的在地物品失去了生存空間。這樣一來，該國可能會失去原有的傳統及技術，開始依賴海外援助。即便那樣的行為可以提供立即的幫助，但處於困境中的人養成自力更生的能力也很重要，因此長期來看的話，直接捐贈物資並不是一個完美的解決辦法。回收再利用中心回收進來的物品經過多道分類及處理後，那些即使維修了也無法再利用的物品會直接送去焚毀，大約占每年回收物品十%。」

事實上，歐洲有非常大量的二手衣物被送往非洲，而且過去十年間數量不斷增加。統計結果指出，過去二十年內，流入烏干達和坦尚尼亞的二手衣物分別增加了兩百三十三%和一千一百%。[3]不僅威脅當地紡織產業，還帶來大量布料垃圾，惡化當地環境問題。二〇一六年三月，肯亞、坦尚尼亞、盧安達、烏干達、蒲隆地等國開始立法禁止從先進國家輸入二手衣物，並從二〇一九年正式實施。4

持續成長的趨勢

「這幾年芬蘭的二手物品文化愈來愈蓬勃，我明顯感受到前來二手商店買東西或捐贈物品變得更自然、更稀鬆平常。我想大概是因為氣候快速變遷，大眾愈來愈在乎環境問題，整個社會的環保意識提升，人們開始認真思考該如何付諸行動。而且，二手商店比以前更加專業了。以前二手商店很難擺脫老舊破爛的形象，現在的二手商店發展出很多類型、分得更細，吸引了更多人光顧。」

關於回收再利用中心的來客數，古提歐首先談到芬蘭二手物品文化蓬勃的原因。隨著二手商店的數量增加、客人數增加，捐往二手商店的物品也變多了。事實上，自開張以來，回收再利用中心每一年的回收物品數量都呈現持續成長的趨勢。無論是賣出的物品數、免費送出的物品數、來客數、消費人數，各面向的數字都逐年增加。

「每天都有約六、七噸捐贈物湧入不同地區的回收再利用中心，包含衣物、餐具、家具、電子產品等。雖然物品重量各有不同，但大約是兩萬四千件。書的部分，每天大概會收到能裝滿五個歐規棧板（800×1200×114 mm）的量；衣物和布料的話，約四

回收再利用中心的物品數及人數統計

	賣出的物品數	免費送出的物品數	物品總數	消費人數	帶走免費物品的人數	總來客數
1990	0	34,339	34,339	0	0	0
1991	0	170,000	170,000	0	38,800	38,800
1992	0	260,000	260,000	0	58,000	58,000
1993	27,400	187,700	215,100	19,800	40,800	60,600
1994	46,100	230,900	277,000	37,800	47,600	85,400
1995	73,800	187,500	261,300	49,300	36,600	85,900
1996	96,200	189,800	286,000	60,580	38,480	99,060
1997	104,500	174,000	278,500	67,000	40,000	107,000
1998	17,000	186,500	356,500	80,000	36,000	116,000
1999	156,800	177,200	329,000	74,900	32,700	107,600
2000	190,462	211,155	401,617	87,028	31,131	118,159
2001	219,005	188,570	407,575	100,483	25,106	125,589
2002	244,592	178,062	422,654	99,406	23,441	122,847
2003	328,174	180,437	508,611	119,602	29,007	148,609
2004	388,453	213,538	601,991	138,531	32,340	170,871
2005	381,428	214,558	595,986	132,607	29,215	161,822
2006	469,490	268,883	738,373	139,393	28,691	168,084
2007	516,169	305,651	821,820	151,676	29,796	181,472
2008	630,285	313,419	943,704	180,866	32,454	213,320
2009	721,505	507,795	1,229,300	210,554	41,713	252,367
2010	1,037,753	682,015	1,719,768	265,505	58,709	324,214
2011	1,198,032	768,314	1,966,346	314,680	72,719	387,399
2012	1,353,826	805,625	2,159,451	347,717	70,110	417,827
2013	1,569,357	942,253	2,511,610	402,898	93,058	495,956
2014	1,755,317	951,914	2,707,231	445,172	92,022	537,194
2015	2,194,538	1,222,799	3,417,337	545,989	115,397	661,386
2016	2,502,680	1,397,086	3,899,766	652,350	102,542	754,892
2017	2,649,938	1,355,842	4,005,780	682,143	118,410	800,553
合 計	19,025,804	12,500,855	31,526,659	5,406,080	1,394,841	6,800,921

出處：Pääkaupunkiseudun Kierrätyskeskus

「Plan B」是回收再利用中心特有的「物品再製」自有品牌，將不同物品結合起來，製成具商品價值的新品。© Emmi Korhonen

所有被捐贈到赫爾辛基首都圈內回收再利用中心的服飾，都會集中到尼赫蒂希達的回收再利用中心，根據品質和狀態進行分類。若沒有任何再利用的可能，才會被送往焚化廠。© Emmi Korhonen

十到四十五輛推車，數量真的很龐大對吧！」

所有的捐贈衣物都會集中到位於尼赫蒂希達（Nihtisilta，艾斯波市的社區）的回收再利用中心進行分類。該中心的規模最為龐大且設有分類部門，能將衣物和布料根據不同的狀態，以及棉、聚酯、亞麻、絲綢等材質來分類。

「二手商店比一般店家需要更多人力。一般店家只要替商品定價、上架就可以了，二手商店還要一一檢查收到的二手物，判斷是否能夠上架販售。通常需要好幾個人分工合作，根據物品的狀態和材質做分類，判斷是否可以立即上架、是否需要維修，或是否挽救不了而必須銷毀，接著才有辦法定價。而且若要維修二手物品，還需要懂得材質相關技術及知識的專業人才。」

目前，合計所有正職與非正職，回收再利用中心總共有四百三十名員工。古提歐指出，雖然店內只看得到負責銷售的員工，但有更多員工在內部工作。我為了採訪古提歐前往回收再利用中心辦公室，看見很多人忙碌地工作著。回收再利用中心除了處理二手物的回收、分類及銷售，也開展出許多需要專業教育人才的事業項目。

做為社會企業

做為一個社會企業，回收再利用中心不僅積極雇用長期請領失業給付的本國人與不易融入的外國人，更實施職業教育，以幫助他們取得具專業性的穩定工作為目標。二〇一八年，回收再利用中心啟動了在職進修專案「Työssä oppien」（意指「一邊工作、一邊學習」），與當地的職業學校合作，讓員工能在工作期間取得環境、運輸或物流管理等領域的學位。專案宗旨為，提供員工一邊工作、一邊取得相關領域學位的可能性，以及給員工一個可以好好思考未來方向、有建設性地實行的機會。[5]

此外，由於公共機關和學校有義務向員工和學生提供垃圾處理等相關議題的環境教育課程，回收再利用中心正好能提供此一服務，從一九九二年起就為學校和企業量身訂做課程，實施環境教育，並且不斷招聘相關專業人士。隨著授課對象不同，課程內容和深度隨之不同。若是學生，會採用符合學生年齡的主題及傳達方式；若是以獲利為目標的企業，會針對其所關注的環境問題提供課程。[6]

例如，若是針對幼兒園孩童授課，會透過人偶劇或情境劇來教導垃圾分類的方法、回收再利用及再生的意義和方法，以及製作蚯蚓堆肥的方法等。在教導製作蚯蚓堆肥的課程中，講師會將蚯蚓及堆肥箱提供給孩童觀察，並從孩童能理解的角度出發，說明食物從生產到廢棄的階段與過程，以及蚯蚓能夠創造出來的健康循環。[7]

隨著學生年齡上升，課程種類更加多樣化，且更有深度。例如，以高中生為對象的水資源課程中，學生需選定一個位於市內或市外的溝渠、江河或湖泊，用工具測定水質後，討論淨化水質的可能性。在全球飲用水資源不斷枯竭的當下，學生也會學習到大自然的水如何變成飲用水，並討論水循環過程中出現的問題。

除此之外，回收再利用中心也提供諸如探討現代的食材生產模式

回收再利用中心不只是二手商店，更扮演了社會企業的角色。
© Pääkaupunkiseudun Kierrätyskeskus

對環境造成的影響、永續消費、能源的生產與消耗等相關課程，學校可以根據自己的需求向回收再利用中心提出授課申請。[8]

古提歐自豪地告訴我：「以前一提到在回收再利用中心工作，不少人都會抱持偏見，認為是處理人們不要的東西、又舊又髒的工作環境。但這幾年大家的認知有了很大的改變。現在，回收再利用中心象徵著未來、環境和永續性，被認為是具革命性和前瞻性的機構。能在這裡工作，我非常引以為榮。因為要打造健康的未來，這是我必須做的。」

1 芬蘭一八六〇至二〇〇二年的舊貨幣單位。

2 Kierrätyskeskus, 'Plan B–uusiotuotteet', accessed 5 Jul 2019. 網址：www.kierratyskeskus.fi/myymalat_ja_palvelut/plan_b_-uusiotuotteet。

3 Kelsey Halling, 'Not So Fast (Fashion)! African Countries to Ban Secondhand Clothing Imports', accessed 4 Jul 2019. 網址：sustainablebrands.com。

4 Kelsey Halling, 'Not So Fast (Fashion)! African Countries to Ban Secondhand Clothing Imports', accessed 4 Jul 2019. 網址：sustainablebrands.com。

5 Kierrätyskeskus, 'Työ ssä oppien–portti tuletvaisuuteen', accessed 15 Feb 2019. 網址：www.kierratyskeskus.fi/tietoa_meista/tietoa_kierratyskeskuksesta/ hankkeet/tyossa_oppien_-_portti_tulevaisuuteen。

6 Kierrätyskeskus, 'Ympäristökoulutus', accessed 15 Feb 2019. 網址：www.kierratyskeskus.fi/ymparistokoulutus。

7 Kierrätyskeskus,'Kestävän elämäntavan oppitunnit 5-6–vuotiaille', accessed 15 Feb 2019. 網址：www.kierratyskeskus.fi/ymparistokoulutus/oppitunnit_ja_-tuokiot/5-6-vuotiaat。

8 Kierrätyskeskus,'Oppitunnit yläkoululaisille', accessed 15 Feb 2019. 網址：www.kierratyskeskus.fi/ymparistokoulutus/oppitunnit_ja_-tuokiot/ylakoulu。

二手商店「Fida」：分店多，又便利

募捐公益組織經營的二手商店

留學那年抵達赫爾辛基、正式前往學校上課前約兩星期的時間內，我忙著處理各式各樣雜事，好讓接下來的生活順利步上軌道。在回收再利用中心購買的家具安置妥當後，宿舍終於比較像人住的地方了，但依然缺很多東西，我卻因為和父母一起住了二十五年，連自己需要哪些東西都不太清楚。聽起來很不懂事？可是在韓國時，枕頭、棉被、窗簾、杯子、盤子，我都沒自己買過，家裡都有，從未經歷過任何不便。也許正因如此，在芬蘭一個人採買時，我花了很長時間才明白自己究竟需要哪些物品。前往因價格低廉而被稱為「留學生聖地」的宜家家居（IKEA）之前，我決定先去看看從宿舍搭地鐵大約十分鐘就可抵達的二手商店 Fida。

Fida 是芬蘭人最常想到的捐贈二手商店，全國共有二十五間分店，為公益組織

架上擺滿了製造年代、國家和製造商都不一樣的各種物品，顧客可以享受在混亂中挖寶的感覺。

位於赫爾辛基伊索羅貝丁街（Iso Roobertinkatu）的 Fida。

從大家具到小物件，Fida 販售各式各樣生活用品。由於規模不像回收再利用中心那麼大，比較像一般商店，逛起來很輕鬆。

「Fida International」[1]的募捐管道之一，主要販售人們捐贈的各種生活用品。

我去的第一間 Fida 位於東赫爾辛基的伊塔克斯庫斯區（Itäkeskus）。八月某個豔陽高照的星期六，我穿越一棟人來人往的購物中心，走進了對面的 Fida，店裡滿是周末出門逛街的人。為了尋找急用的馬克杯和盤子，我迅速環顧店內，走向擺放餐具的區域。架上擺滿了各種形狀和顏色的杯盤，製造年代、國家和製造商都不一樣。我一個一個拿起來看，享受在混亂中挖寶的感覺。等到終於下定決心、找到要買的東西後，我才開始慢慢逛整間店。店內商品陳列得井然有序，每個顧客都像方才的我一樣，專心搜尋著自己喜歡的物件。看著他們的身影我突然明白，在二手商店買東西並不是什麼特別的行徑，而是相當平凡的日常。可惜的是，那天買的盤子幾年前不小心摔破了，不過馬克杯依然使用至今。

從此以後，Fida 成了我經常造訪的店家之一。從我被分配到的宿舍去學校大約需要四十到五十分鐘從地鐵轉搭公車或電車的車程，那陣子每當需要採買課堂作業材料或沉澱思緒時，我都會走進轉車地點旁邊的 Fida，因為我了解到，不存在千篇一律的流行趨勢、而是聚集了各個年代和生產地的二手商店，最有助於整理自己的思緒。

購買新品之前的習慣

赫爾辛基幾乎各大商圈都有 Fida 分店，很容易就能找到，而且 Fida 和回收再利用中心一樣販售各類生活用品，店內又不會太大，逛起來並不費力，很受人們歡迎。店裡不僅賣湯匙、盤子、窗簾、書、衣架、包包、花盆等小型物品，還有沙發、椅子、書櫃等家具，以及烤麵包機、吸塵器等家用電器。從不到一歐元的物品到充滿往日情懷的古董、別有價值的燈具或家具，統統找得到。此外，店內不時出現 Iittala[2]、Arabia[3]、Marimekko[4] 等具代表性的芬蘭設計品牌產品，因此除了購買生活必需品的人，也有不少來挖寶的人。

不知從何時開始，我習慣在購買新品前先逛逛 Fida。「想買個相框，Fida 應該有吧？」、「想買個花盆，Fida 應該有吧？」我總會這樣想。雖然二手商店並非應有盡有，有時候也找不到自己想要的東西，但運氣好買到時，那感受非常快樂，甚至會獲得意想不到的新奇發現。我並非抱持「所有東西一定都要買二手」的觀念，卻在不知不覺中，會在購買新品前先到二手商店看看，所以我認為有方便人們利用的二手商店很重要。如果能用比一般市場價格更低的價位買到所需之物，還可以感受挖寶的樂趣，又環保，任誰都會願意嘗試，不是嗎？

1 基督教背景的募捐公益組織，成立於一九二七年，目標是幫助南美洲、非洲、亞洲處於困境中的人。

2 Iittala 是一八八一年成立的芬蘭設計品牌，主要生產玻璃、瓷、陶製器皿。不僅持續生產阿爾瓦·阿爾托、愛諾·阿爾托（Aino Aalto）、凱·弗蘭克、塔皮奧·維爾卡拉（Tapio Wirkkala）設計的器皿，更不斷與國內外的年輕設計師合作。

3 Arabia 是一八七三年成立的芬蘭陶瓷品牌，目前和 Iittala 同屬 Fiskars 集團，主要生產強調功能與品質的餐具和廚房用品，在芬蘭設計歷史上具有重要地位。

4 Marimekko 是一九五一年成立的芬蘭紡織品品牌，以大膽的色彩及簡樸的圖案而聞名，其產品使芬蘭的紡織品與圖案設計受到全球矚目。

二手服飾店「Uff」

赫爾辛基Style：「Hel Looks」

幾年前，我發現了一個很有趣的網站「Hel Looks」（www.hel-looks.com），以照片和簡短採訪介紹赫爾辛基街頭穿搭得很有個性的人。採訪對象並非時尚雜誌裡會出現的那種追隨最新潮流、像模特兒一樣的人，而是走在路上、會經過車站或公園、年齡和性別不拘、擁有自己時尚風格的一般人。看著照片裡的人說明自己身上的衣服從何而來、有何意義，很容易看到忘我。

採訪對象都是路人，但很難說他們只是「一般人」，因為很多人的穿搭都很獨特，讓人不禁納悶究竟哪裡可以找到那樣的衣服、他們怎麼敢穿出門，以及怎麼會如此組合。不過，看著看著，又會因為自己懷有這類疑慮而感到有些羞愧。只要閱讀照片旁的簡短採訪就能清楚感受到，他們有多麼尊重自己的喜好、多麼珍視自己、多麼享受自己做出的選擇。當某人解說自己當天穿的大衣承接自媽媽、包包承接自奶奶、褲子是在二手商店買的，你可以感受到他對那些物件的熱愛，再加上「Hel Looks」真的是一個非常「芬蘭」的網站，沒有任何不必要的華麗辭藻和多餘裝飾，只有最直接和最原汁原味的呈現，讓人了解到，別人隨意做出的評斷並不重要，重要的是盡情享受自己為了自己的幸福所做出的每一個選擇。「Hel Looks」彷彿諄諄告誡著，不要讓旁人左右自己的選擇，最重要的是要讓自己滿意。每次瀏覽都讓我一再意識到自己看待他人的眼光多麼狹隘。

潮男潮女的聖地

逛網站「Hel Looks」，很快就會發現「Uff」這個店名經常出現。採訪中，有人穿著知名品牌的新衣服，有人穿著從家人與親戚承接過來或在二手商店買的二手衣。其中，「Uff」經常被提及，可見是芬蘭人最喜愛的二手商店之一。有人甚至表示全身上下都是在 Uff 買的，平時也只在 Uff 購物。

Uff 是專賣服飾的二手商店，有衣服、鞋類、帽子、圍巾、包包等，都來自人們的捐贈。經營者 Uff 是成立於一九八七年、旨在幫助亞非等地有困難者的公益組織，和

Fida一樣在芬蘭各地開設二手商店，以此做為募捐管道之一。

二手服飾店絕不是只賣又老又舊的衣服。由於 Uff 的商品都來自捐贈，不難看見知名快時尚[1]品牌的衣服，也看得到比較少見，一九五〇、一九六〇年代所謂的古著。偶爾還會出現吊牌都留著、捐贈者一次都沒穿過的衣服。

若要捐贈衣物給 Uff，可以直接帶到最近的分店，或者包裝好、防止被水浸溼，再放入市區許多地方都有的 Uff 回收箱。所有被捐贈的衣物會集中起來，分為國內零售用、批發國外用，以及品質差而無

位於赫爾辛基弗雷德里金街的 Uff。

以馬立（Ilmari），十八歲
「我今天穿 Air Jordan 的籃球背心、我爺爺一條很舊且不知名的褲子，以及 Adidas 拖鞋。我的穿搭靈感主要來自嘻哈歌手，還有世界各地的文化。我不在乎衣服是什麼品牌，通常會在赫爾辛基各二手商店買衣服。」
© Liisa Jokinen（出處 Hel Looks）

雅內蝶（Janette），二十五歲
「我只穿二手衣，最近對二〇〇〇年代初的風格特別著迷！」
© Liisa Jokinen（出處 Hel Looks）

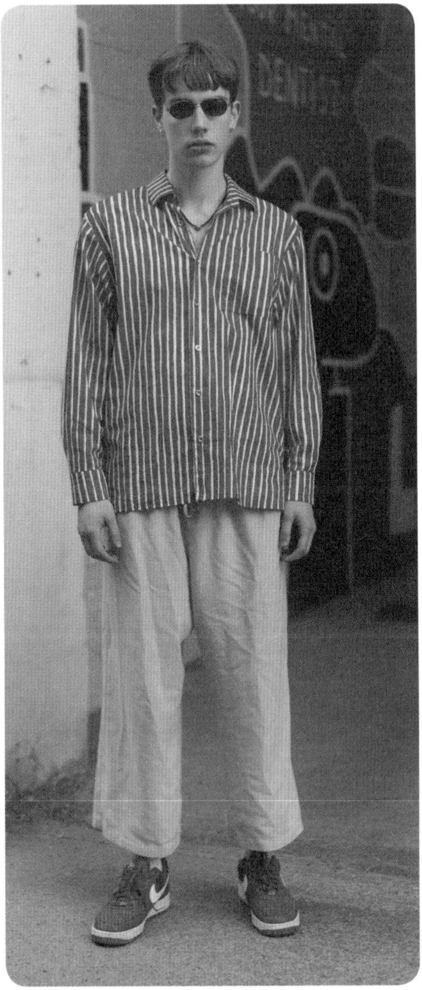

米卡爾（Mikael），十八歲
「我穿的是 Nike Air Force 1 的鞋子、女朋友買的二手亞麻褲，還有 Marimekko 的襯衫。我有很多不同風格的朋友，所以會去很多不同的店家購物。我的衣服大多在二手商店購買，而且我喜歡混搭不同風格的單品。」
© Liisa Jokinen（出處 Hel Looks）

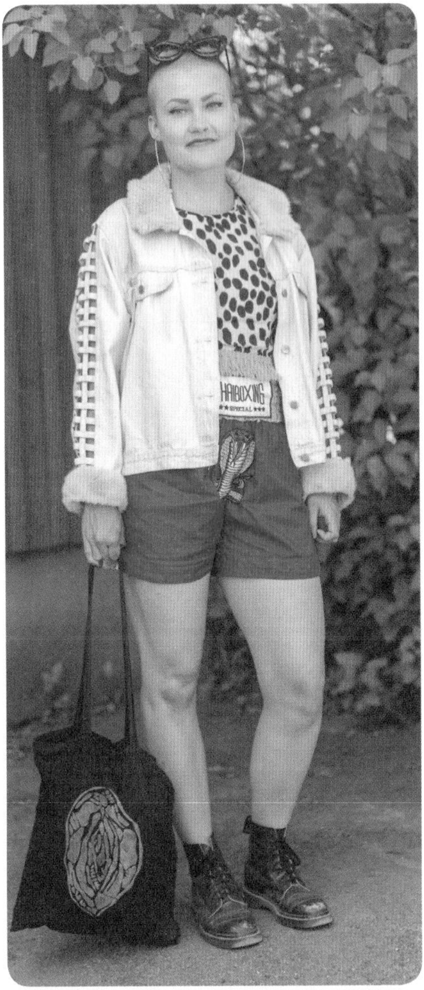

珊卓拉（Sandra），二十七歲
「我喜歡混搭不同圖案和顏色，或是比較大膽的配色。我的衣服和鞋子大部分都按照我的喜好修改過。最近我特別注重穿起來是否舒適。不知道這是不是代表我長大了？我也盡量不穿黑色。今天除了包包以外，我身上的東西都是在二手商店買的。」
© Liisa Jokinen（出處 Hel Looks）

法販售的銷毀用。二〇一八年度，所有捐贈物的九・四%在芬蘭國內零售，八十七・一%批發至國外，其餘三・五%被銷毀。[2]

Uff 強調，「衣物回收再利用」是為了發揚衣物最初被製造出來的目的，讓衣物再次被使用，且對環境最有益。現代的服飾生產與加工過程消耗了超乎想像的大量能源和水，倘若如此模式不是一朝一夕就能改變，那麼，消費者盡可能使用已經被製造出來的衣物，對環境將最為有益。此外，有一個名為 Pure Waste[3] 的芬蘭服飾品牌致力於回收服飾生產過程中不可避免的

很容易看到所謂的古著。

剩餘裁邊布料，使其降解為纖維且不染色，再製成衣服。這一革命性品牌所強調的，同樣是關於人類在製衣過程中消耗了過多的能源，以及無意間破壞了環境。

Uff在芬蘭共有十八間分店，大多集中在赫爾辛基。其中，位於弗雷德里金街（Fredrikinkatu）的Uff並未像其他分店一樣將二手物任意陳列，而是揀選、分類後再上架，因此特別受歡迎。店內擺了上百個架子的衣服彷彿層層海浪，靠近牆面的架子則滿滿地陳列著鞋類和包包。為了方便客人選購，亦設有更衣室。

商品皆按種類、顏色分類妥當，且設有更衣室。

正如我從網站 Hel Looks 觀察到的，Uff 十分受到關注時尚的年輕人喜愛。所謂的「關注時尚」，並非指「追逐流行」，而是「樂於思考和探索自己喜歡的服裝，以及如何透過服裝來展現自己」。他們並不囿於流行趨勢，而是相當享受在二手商店內以便宜的價格買到喜歡的物件、再根據自己的需求進行修改，或者混搭其他單品。也就是說，比起跟著流行趨勢起舞、和其他人的風格相似，芬蘭人更樂於在新舊年代並陳的二手商店裡，購買符合自己喜好和個性的衣物。

Uff 獲得了年輕人的響應，這具有很大的意義。Uff 並未強調是為了幫助有困難的人，而是營造出可以自由自在選購二手物的氛圍，而其所抛出關於「環境的未來」這個議題，每個世代都應該深思。

Pure Waste 致力於回收服飾生產過程中被丟棄的剩餘裁邊布料，按照色調分類，使其降解為纖維，再製成新衣物。© Pure Waste Textile

紡織的過程。© Pure Waste Textile

1「快時尚」（fast fashion）為新造的詞語，指迅速向消費者提供緊跟時裝秀最新流行的服飾。快時尚品牌商又稱為「自有品牌服飾專業零售商」（SPA，Speciality retailer of Private label Apparel），以生產周期短、像速食一樣快速且大量提供低價服裝為策略，H&M、ZARA、UNIQLO 最具代表。

2 UFF, accessed 20 Dec 2018. 網址：uff.fi。

3 Pure Waste 是二〇一三年成立的芬蘭服飾品牌。由於有感於服飾生產過程中丟棄了太多的剩餘裁邊布料，因此致力於回收那些布料，使其降解為纖維，再製成衣服。過程中無任何染色工序，只利用纖維本有的顏色，再組合成不同的色調。此外，Pure Waste 全力集中於棉纖維，因為棉花的生產過程需消耗大量的水和除草劑，棉織品的染色過程也會產生嚴重的土壤與水污染。不同於其他服飾品牌，Pure Waste 並非每季都推出新品，而是長期以T恤等基本款為主要商品，無所謂的季度限定款式。網址：www.purewastetextiles.com、www.purewaste.org。

第四章

替忙碌的你販售二手物

芬蘭特有的二手商店：自助寄賣二手商店

櫃位出租模式

「自助寄賣二手商店」是芬蘭特有，一種很有趣的二手商店類型，借用了自助（芬蘭文 Itsepalvelu，英文 Self service）的概念和方式，出租櫃位給賣家並且代為銷售。店裡有許多相同規格的櫃位，任何想販售二手物的人都可以租下櫃位、上架商品，成為賣家。賣家無須成天守在櫃位前，只要委託商店代為販售，在寄賣截止日當天回去處理未售物及結清費用即可。櫃位通常以一星期為單位進行出租，總銷售額扣除櫃位租金後，即是賣家可取回的販售所得。

對於那些認為把物品免費捐贈出去很可惜、卻又沒空參與跳蚤市集的人而言，自助寄賣二手商店的模式再適合不過。由於使用便利又能保有匿名性，芬蘭人經常利用且非常喜愛。此外，每星期都可能出現新賣家、周轉率高，櫃位又各具特色。觀察每個櫃位

自助寄賣二手商店裡有許多相同規格的櫃位。

賣家自行擺設物品及風格各異的櫃位，是自助寄賣二手商店的一大魅力。

的二手物品大致就能看出賣家有沒有小孩、是否喜歡運動、是否對時尚感興趣，逛著逛著彷彿能窺見別人如何過日子，有種奇妙的樂趣。

自助寄賣二手商店的最大魅力在於，賣家可以根據自己的標準來標定物品的價格。買家若認為價格合理，買賣就會成立。每個賣家都是基於各式各樣的原因將物品拿出來販賣——有的頗具年代、看得出使用痕跡，有的則連包裝都沒拆過。即便自己不再需要，由於物品仍具使用價值，無論是五十美分還是五十歐元，賣家都可以根據自己的判斷標定價格，是一種讓賣家和買家雙方都能滿意、非常高明的銷售模式。

伊麗絲：「可以用便宜的價格，買到品質好的布料」

二手商店就像我的遊樂場

歐洲很多地方都有代售二手商店，賣家可以將一個個物品委託二手商店代為販售，物品售出後則由賣家和店家共享收益。然而，目前我還沒聽過芬蘭以外的國家有像自助寄賣二手商店那樣以一星期為單位出租櫃位、讓人寄賣二手物的。我很好奇這種模式獨特且可盈利的自助寄賣二手商店如何出現，到處詢問卻沒人清楚起源，網路上也找不太到相關資訊。不過，幾乎每個人都異口同聲地說，約莫是一九九〇年代開始出現，接著逐漸普及。

就在我四處打聽自助寄賣二手商店的起源時，偶然認識了伊麗絲（Iiris）。她對我的採訪主題很感興趣，想邀請我聽聽她的故事，為此聯繫了我。伊麗絲是一位利用在二手商店找到的各種材料來創作的藝術家，工作室正好在我家附近，她欣然邀請我前往參觀。伊麗絲加入了一個由數十名會員組成的創作者社群，整個社群使用某建築的一整層樓。迷宮般的走道兩旁各有一排工作室，空間雖不大，對於長期獨自創作的人而言卻是一個很好的交流場所。伊麗絲文靜、話不多，語氣聽起來十分靦腆，她緩緩道出了自己的故事。

「不好意思，東西很多，有點亂吧？我每次看到喜歡的東西都會趕快先買下來。在二手商店要找到第二個相同的東西實在太難了！」

伊麗絲帶我走進她的工作室。除了進行創作，她也接受客人的委託製作。工作室的架子上滿是她從二手商店和跳蚤市集買來的材料，有各式各樣的布料、形狀獨特的鈕釦、色彩紛陳的棉線等，全都等待著伊麗絲的巧手重獲新生。工作室一隅放著一台縫紉機，可說是她的第三隻手。相較於一般走進二手商店的人希望買到完整的成品，伊麗絲的觀點不太一樣，她認為二手商店和跳蚤市集最棒的是有很多意想不到、有趣又珍貴的發現。

「二手商店就像我的遊樂場，你永遠不知道今天會在哪裡找到什麼！我很喜歡使用縫紉機，經常用到布料。沒有什麼地方比二手商店更能找到便宜、獨特、品質又好的布料！其他材料也很多。最近我特別喜歡用羊毛、棉、亞麻這類天然材質的布來做東

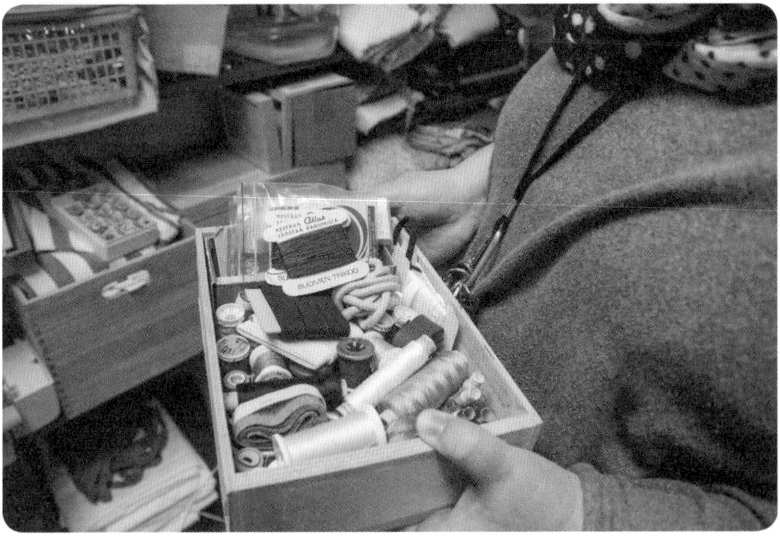

伊麗絲的工作室裡滿是她從二手商店和跳蚤市集買來、可用於創作的材料。

西。」

交談中，我注意到工作室一角放了很多領帶，非常顯眼。伊麗絲說，她不久前去了一趟在郊區舉辦的後車廂跳蚤市集（Takakontti Kirppis）[1]，活動結束後聽見一位賣家說他的領帶還剩很多，需要的話可以免費拿走，她發現那些領帶的品質都很不錯，當場帶了很多回來。

「那些樣式乍看好像已經褪流行了，但我看布料看了很多年，我注意到的是上面的絲質很密、很挺，還有愈來愈少見的完美縫線。再說，看起來好像很俗氣的圖案也有它自己的魅力！雖然我還沒想過要用這些領帶做什麼，但它們都是用品質很好的材料做成，做什麼應該都可以，所以立刻就決定把它們帶回來！」

我們在小小的工作室裡看著各式各樣的物品，聊了好一段時間。伊麗絲雖然剛開始有些靦腆，但不停地向我介紹她的發現時，掩飾不住內心的喜悅。

「自己不再需要的東西，與其直接扔掉，不如拿去二手商店賣，或者讓給需要的人，這樣的作法應該更普及才對。如果要做到這一點，我想最重要的應該就是大家都得意識到問題的嚴重性吧！」

伊麗絲最後補充，雖然她很開心能夠用便宜的價格買到自己喜歡、且能用於創作的各種材料，但那些好端端的東西未經認真思考就被丟掉，實在很可惜。

因為經濟危機而生的銷售模式

我問伊麗絲是否了解芬蘭二手物品文化，尤其是自助寄賣二手商店的起源。她告訴我，一九九五年她曾在于韋斯屈萊（Jyväskylä，芬蘭中部城市）開設自己的第一間二手商店。

她回憶，隨著芬蘭金融危機（一九九一至一九九三）[2]爆發，原本沒沒無聞的二手物品文化開始浮上檯面，自助寄賣二手商店突然就在某個地方出現了。

「那時候，我聽說拉赫蒂（Lahti，赫爾辛基東北方約一百公里的城市）出現了第一間『自助寄賣二手商店』，這給我很大的靈感。芬蘭人很容易害羞，不太喜歡和別人面對面，這種銷售模式正好適合我們。我很想親自挑戰看看，就在我生活的于韋斯屈萊開了我的第一間自助寄賣二手商店。」

伊麗絲表示，當時由於大眾對逐漸興起的二手物品文化普遍抱持著歡迎的態度，開店初期生意還不錯，但持續經營並不容易。由於不像現在全面電子化，再加上相關知識和經驗不足，經營自助寄賣二手商店的各個面向都讓她感到相當困難，二手物品的分類和整理也比想像中需要更多人力和時間。很可惜地，一個又一個的經營困難使伊麗絲的熱情和興趣逐漸冷卻，最終把店賣給了別人。不過，即使開店未如她所想的那麼順利，伊麗絲對二手物品文化的熱情依然沒變。直到現在，她每星期都會撥出一、兩天到附近的二手商店當志工，不進工作室。由於親身體會過二手商店如何運作、需要哪些幫助，伊麗絲多少能幫忙二手商店運作得更好，也協助二手物品文化在社區成長茁壯，而且在過程中獲得很大的快樂。

「芬蘭的二手物品文化是在一九九〇年代爆發金融危機、所有人不得不面臨經濟與物資貧乏之時，自然而然發展起來的，那時出現的自助寄賣二手商店是一種很聰明的模式，賣家租個櫃位就可以匿名販賣二手物並獲得收入。不管是從其他國家傳入還是芬蘭人原創，自助寄賣二手商店已經變成芬蘭二手物品文化中一種相當普遍的模式。可以說，那是特殊的時代背景結合了芬蘭人的天性所發展出來的，對吧？」

伊麗絲同樣不清楚自助寄賣二手商店是芬蘭人的發想，還是國外案例進入芬蘭國內後依據民情變化而來。無論起源為何，最重要的是，如今芬蘭人已經挺過艱難的時期、生活豐饒又富足，但依然熱烈擁抱二手物品，而且比以往更加興盛。

1 賣家將欲販售的二手物放在後車廂，接著開車到指定地點集合所形成的跳蚤市集。從稀有的古董到一般的二手物，各式各樣物品都有。

2 「芬蘭金融危機」是芬蘭現代史上最嚴重的經濟衰退，據說比戰後一九三〇年代的經濟大蕭條更加嚴峻，主因包含：一九八〇年代高速成長所導致的經濟泡沫、芬蘭中央銀行因法規更改而失去力量、主要貿易夥伴蘇聯垮台等。當時，不僅芬蘭，周邊其他國家也面臨了困境。芬蘭金融危機的官方紀錄為一九九一至一九九三年。後世認為，雖然當時人民的生活受到非常直接的衝擊，但很快就從金融危機中走了出來。

碧雅與賽拉：「我們找到了永續未來的行動方案」

從快時尚產業到二手服飾店

自助寄賣二手商店同樣會按照價格、品項和顧客年齡分為不同類型。最常見的是不分品項、可以處理各類生活雜貨的這類，因為賣家不用花費心力分類、一次就能處理完所有物品，最為便利。然而，近幾年開始出現許多專賣服飾的自助寄賣二手商店。隨著愈來愈多熱中時尚、樂於消費的年輕人積極投入二手物品文化，自助寄賣二手服飾店的好處也逐漸為人所知，變成了二手商店裡不可小覷的類型。

大約四年前，我和家人住在瓦利拉（Vallila），那時我聽說附近新開了一間名叫「瓦利拉故事」（Vallilan Stoori）的二手商店。當時小孩剛出生沒多久，我每天忙得不可開交，連走進附近一間新開的店的心力都沒有，再加上我家步行十五分鐘的範圍內已有六間二手商店，所以我壓根沒想過要去。直到過了好一段時間，某天我為了替已在不知不覺間長大、可以自己走路的孩子買雙靴子時，突然想起了「瓦利拉故事」，決定走去看一看。

沿著我家前方巷子走，會走到赫爾辛基其中一條主要道路斯圖倫街（Sturenkatu）。斯圖倫街上有每晚都散發淡淡咖啡香的咖啡品牌梅拉（Meira）烘豆廠、阿爾瓦·阿爾托設計的赫爾辛基文化中心（Kulttuuritalo，舉辦戲劇、演講、展覽的空間）、略為老舊的火車維修基地，以及赫爾辛基的戶外遊樂園「林南麥基遊樂園」（Linnanmäki）等地標，街尾則有好幾棟五至六層樓高、外觀相仿、將近百年的石砌公寓，「瓦利拉故事」坐落在其中一棟的一樓。

雖然公寓屋齡極老，看似相當封閉且棟棟相連，予人一股壓迫感，但走進店內一看，室內空間比想像中寬敞，讓人覺得豁然開朗。整間店以入口為中央，大致分為左右兩邊，左邊是布置得溫馨舒適的咖啡廳，右邊是陳列二手服飾的賣場。我沿著牆邊的櫃子慢慢逛，很幸運地找著適合孩子腳丫大小的靴子。走到櫃檯結帳時，我見到了年紀與我相仿的商店主理人碧雅（Piia）。芬蘭的二手物品文化非常活躍，而且這五、六年來明顯變成充滿活力的年輕文化，我很好奇其中的轉變，想著「瓦利拉故事」年輕的主理人或許能替我解惑。

店裡分成可以舒適地坐下來休息的咖啡廳，以及販售二手服飾的賣場。

採訪當天，我在店裡見到了碧雅和另一名主理人賽拉（Saila）。我對於芬蘭二手物品文化的好奇，兩人似乎期盼很久了，即便店務繁忙也非常熱情地接待我。我們坐到沙發上不久，碧雅便說起她的故事。

「開二手商店之前，我在一間跨國快時尚品牌工作了十三年，一開始做銷售，後來轉到內部。因為是快時尚，公司每季都會產出非常非常多的衣服，我每天都在新衣服圍繞下忙得團團轉。隨著工作年資增加，我愈來愈難不去想『這世界到處充滿了廉價而且很快就被丟掉的東西』，內心相當煎熬，也不再感覺工作讓我樂在其中。小孩出生後，那個想法變得更強烈。最後我辭掉工作，開了這間二手商店。在思考『為了永續未來，我能做什麼？』時，我自然而然想到了二手商店。」

碧雅辭掉穩定的工作後，和正好志趣相投的賽拉一起開了「瓦利拉故事」，不知不覺已經經營了五年。兩人表示，「瓦利拉故事」最初是定調為所有類型的二手物都可以上架販售的自助寄賣二手商店，不知為何，上架的二手物不約而同以衣服為主，接著透過口耳相傳，吸引很多年輕人前來，如今就變成了二手服飾店。來訪客人從老人到小孩，又以二十歲至四十多歲女性為最大宗。不過碧雅也提到，最近男性客人明顯變多。以前男性在服裝購買方面比女性消極，但近來二手物品文化廣受年輕世代歡迎，無論男女都多了很多選擇，使得男性開始更加關注服裝。

「以前男性顧客在二手服飾店裡並不常見。雖然這可能是因為上一代的男性普遍對於服裝的購買比較消極，但我想或許也是因為男性可選擇的服裝樣式比女性少。現在的年輕男性不太一樣，他們對於服裝的購買變得比較積極。除了男裝的款式和花樣變多，男性變得比較在乎自己的打扮，也因為購物變得很輕鬆、容易，成了一種娛樂。當愈來愈多男性服飾出現在二手商店裡，上門的男性顧客也就變多了。」

二手商店是日常生活的一部分

碧雅和賽拉回憶，她們小時候都會和父母一起去二手商店或跳蚤市集。對她們而言，那些場所不過是日常生活的一部分，並不是什麼特別的地方，而且兩個人都因為能和父母一起出門玩、看各式各樣的東西而興奮不已。她們說，只要觀察那些和父母一起來店裡的小孩就知道，物品是新的或別人用過的，在小孩子決定要不要買的過程中其實不重要。碧雅說，無論買新玩具還是二手玩具，她孩子的反應都一樣。無論到什麼地方，小孩都有能力找到自己想玩的東西，並且感到滿足和快樂。二手商店裡，不難看到家長還在慢慢逛時，小孩已找到喜歡的玩具，原地直接玩了起來。甚至，就在我們交談當中，一個和媽媽一起來的小孩就找到了一輛玩具汽車，玩得非常開心。

「不過，並不是所有芬蘭人都喜歡二手物品文化，不同世代對於二手物品文化的態度不同。例如我大哥在一九七〇年代度過青春期，他一聽到二手物就討厭。他會把自己用過但不再需要的東西拿去二手商店賣，但絕不會在二手商店買東西。我想大概是在年華正盛、最渴望打扮自己時，想買全新物品卻無法如願的記憶太過強烈，所以才會那樣吧！」

賽拉一說完，碧雅笑著說她父

「瓦利拉故事」兩位主理人，碧雅（左）、賽拉（右）。

母也是如此。二十世紀中後期戰後重建的過程中，很多人都必須過著艱苦的日子。對他們而言，二手物不是「選擇」，而是「不得不」，不難想見他們不會太喜歡二手物。我想這大概就像我去世的奶奶說過她無法理解我為何喜歡吃麵疙瘩的心情吧！

但是，我心中仍存著疑問。過去的世代之中，有人因為懷舊走進二手商店，有人因為過去的日子太苦而不願再踏入，兩種人同時存在，我能夠理解。可是對於年輕世代而言，二手物品文化代表什麼？我實在無法不好奇。如今的芬蘭人

「瓦利拉故事」店內替孩童準備的遊戲空間。

已不再過著困苦、挨餓的日子，無須被迫使用二手物，年輕世代為何仍然購買二手物品呢？碧雅思考了一會兒，這樣回答：

「我想應該是因為那樣很自然吧！那是我從小就和父母一起去的地方，長大後自然而然也會去。二手商店讓我留下很多美好的回憶。」

芬蘭的二手物品文化是相當自然的。他們捐贈或販賣二手物品，不會只強調是為了幫助別人，不是只奠基於使命感和同情心，也不會對購買二手物品者抱持偏見。這很可能是因為他們從小就和父母一起

每個二手物櫃位都訴說著不同的故事。

自然而然地拜訪二手商店，年輕的父母也繼續為下一代創造出相同的回憶——二手商店不是什麼特別的地方，而是日常生活中很自然的一部分。

後來，碧雅和賽拉告訴我，她們決定在二〇一八年年底暫停經營「瓦利拉故事」。我對於這消息非常遺憾，但這兩位勇敢的年輕人為當地帶來的活力，我想不只是我，很多人都會長存於心。

二手育兒用品店「維卡拉」

在芬蘭養育孩子

在芬蘭由於空氣清新，以及步行可達的範圍內通常接觸得到大自然，孩子經常進行戶外活動。而且很特別的是，戶外活動不會因為天氣而取消。即便體感溫度低於零下二十度，孩子們也會全副武裝，只露出鼻子、眼睛和嘴巴，在戶外遊樂場和雪地上打滾和玩耍。下雨天也不例外，孩子們會用鏟子將泥巴水鏟起來，玩得非常開心。正因如此，孩子比我想像中需要更多不同種類的機能性戶外運動服——下雨天需要雨帽、雨靴、防水褲、防水外套、防水手套，下雪天需要保暖帽、保暖靴、保暖衣褲、保暖手套等。做為新手爸媽與外國人的我和丈夫，養育孩子前完全不知道這類產品的存在，也不知道它們在市面上其實很常見，直到孩子上了一年幼兒園，才終於了解孩子每個季節各需要哪些戶外運動服。芬蘭十月到十二月經常下雨和下雪、地上總是溼漉漉的，我每天總要花費比想像中更多精力和時間清洗孩子衣鞋沾到的髒污。

若配合孩子的成長速度，每年都買新的戶外運動服，當然很好，但孩子幾乎每長一歲衣服就要大一號，若每年都購買那麼多品項，支出會比想像中還多。事實上，孩子不在意衣服是否「漂亮」，而且在任何地方都能坐下來玩得忘我。做父母的應該盡可能給予孩子遊戲的機會，以及保持親子關係的融洽，對於孩子弄髒衣服不應過度在意。與其買全新的衣服，不如買已經折舊的二手衣，反而不會那麼在意是否又弄髒。再加上芬蘭人相當習慣在惡劣天氣下進行戶外活動，運動服的品質都出乎意料地好，不容易穿壞，也讓我養成了買新品前先去二手商店看一看的習慣。雖然在二手商店買東西要靠運氣，有時可能找不到想要的東西，但只要店裡賣的二手物品夠多，倒也不難有所斬獲。

讓父母和孩子都滿意

「維卡拉」（Vekara）（譯按：芬蘭文「vekara」意為「孩子」）是一間專賣童裝和玩具等育兒用品的自助寄賣二手商店。店內約有九十多個相同規格的櫃位，賣家上網預訂所需的日期和櫃位並經過確認後，就會拿到印有櫃位號碼和條碼的貼紙，只要自行定價、貼在欲販售的二手物上，於寄賣起始日上架，便可開始販售，最後再於寄賣截止日帶走剩下的未售物即可。在赫爾辛基，自助寄賣二手商店的櫃位租金通常是一星期（六天）四十歐元、兩星期（十二天）八十歐元。最後的總銷售額扣除櫃位租金後，即為賣家可取回的販售所得。

位於學生公寓一樓的「維卡拉」坐落在赫爾辛基大學的自然科學校區旁，附近有很多適合育兒期年輕夫妻與家庭居住的公寓，以及帶有田園情調的住宅，店內客人經常絡繹不絕。一般的櫃位裡通常擺放童裝、童鞋、玩具、書等體積小的物品，安全座椅、嬰兒車、保暖外套等體積大的物品則另外陳列。

專賣育兒用品的自助寄賣二手商店「維卡拉」。

為了讓人更容易找到想要的東西，每個櫃位上方都設有小留言板，方便賣家標記自家孩子的身高和性別等參考資訊。

除了留言板資訊，櫃位裡的二手物也能看出每一家的家庭故事。例如，這個家有一個哥哥、一個妹妹；那個家的孩子有一段時間很喜歡玩公主扮演遊戲；那個家的父母很努力不讓孩子的衣著打扮被性別定型……諸如此類，可以一邊逛一邊猜想，十分有趣。

由於是賣家自行替二手物品定價，不同櫃位的價格之間存有落差。但只要多多觀察就不難發現，賣家們對於每種品項的價格範圍存在著一定的共識。雖然偶爾會出現一些原價較高或將近全新的二手物，其定價遠遠超過一般，大多數二手物仍很便宜。

去年夏天我上網預約了「維卡拉」二手商店的櫃位，想處理孩子不再需要的物品，當時我們正準備搬家，打算一併整理家中各個角落的物品。「維卡拉」生意很好，但我不確定別人會認為我孩子用過的東西有多少價值，定價前認真思考了很久。幸好，我和丈夫在「維卡拉」買過自行車安全帽、靴子、T恤等，大致知道合理的價格範圍。與其說是為了大賺一筆，我們的終極目標是要替物品們找到新主人，增加新家的可收納空間。確定了這點後，事情變得容易許多。我們將確實不會再用到且仍有使用價值的〇到二歲童裝、鞋子、玩具整理出來，發現數量比想像中還多，再用兩輛自行車載往距離家

櫃位裡的二手物能讓人看出那個家庭的故事。

租下櫃位後將拿到印有條碼的貼紙，自行定價並貼在欲販售的二手物上即可。

裡約十分鐘的「維卡拉」。雖然孩子對那些玩具已經失去了興趣，但為了不刺激孩子、告訴孩子他的玩具即將讓給別人，我們沒有讓孩子知道，孩子日後也完全沒察覺那些玩具從家裡消失。把東西上架後，和孩子一起度過的時光彷彿也一起被上架了，讓我一度莫名傷感，但畢竟不可能一直留著。而且最重要的是，我很想嘗試在自助寄賣二手商店賣二手物。

一星期後，我回到「維卡拉」驗收成果。意外的是，賣出的物品比想像中還多。打包未售出的物品並結算四十歐元的櫃位租金後，我拿到了這次的販售所得，金額足以讓我們一家三口開開心心地外出用餐一頓。看著那些仍留在櫃位、沒被人看上的物品，我想起了孩子使用那些東西的模樣，陷入一陣感傷，猶豫著是否將它們再帶回家。不過轉念一想，應該會有人能讓那些物品發揮更大的效用吧！便決定將它們都捐贈給了二手商店。

第五章

想找芬蘭的設計品嗎？

仍不停息的現代主義風潮

簡潔又富功能性的芬蘭設計

工業革命以來，隨著機械量產的模式普及，標榜簡潔和實用性的芬蘭設計逐漸席捲世界各地。努力在不富裕的環境中製造出俐落又富功能性物品的芬蘭設計精神，和歐洲戰時吹起的現代主義風潮不謀而合，而且相輔相成。芬蘭設計未經雕琢的樸實又大膽的風格，與其他北歐國家之間有著明顯的區別。特別是離開俄羅斯而獨立的前後變得更強烈的民族主義（Nationalism），使芬蘭特色更加突顯。

芬蘭設計自一九三〇年代開始受到矚目，一九五〇年代左右達到高峰。在當時歐洲最著名的博覽會「米蘭三年展」（Milan Triennale）上，芬蘭設計師橫掃各大獎項，引起了世界各地的關注。「米蘭三年展」於一九二三年首次舉辦，每三年一次，目的是展現義大利在藝術和設計上的卓越實力，並讓各國交流彼此的文化和技術，每個國家都會興建自家展館，盡可能展現國內最具革命性的物品與技術。參與「米蘭三年展」的阿爾瓦·阿爾托、愛諾·阿爾托[1]，以及凱·弗蘭克、塔皮奧·維爾卡拉[2]、蒂莫·薩爾帕內瓦（Timo Sarpaneva）[3]等芬蘭設計師，逐漸在國際舞台上嶄露頭角。[4]

當時，在海外獲得成功這件國家級大事讓他們成了足以代表芬蘭整個國家的人物。由於芬蘭人長期渴望建立一個堂堂正正的獨立國家並獲得國際社會認可，這些設計師的成就幾乎被視為整個國家的成就。而 Iittala、Arabia、Marimekko、Artek 等品牌的成功，也滿足了芬蘭人長久以來的渴望。另一方面，這些品牌針對中產階級推出的產品，是幾乎每個人在家裡都會用到的生活用品，能得到全國人民的支持一點也不為過。當年芬蘭人對這些品牌產生的關注和支持，直到現今仍然持續。芬蘭設計師的成功，比芬蘭品牌的成功更具意義。[5]

令人驚訝的是，大多數在往昔將芬蘭現代主義發揚光大的產品，至今仍然生產和販售著。阿爾瓦·阿爾托設計的三腳圓凳「Stool 60」、Marimekko 的經典印花圖案「罌粟花」（Unikko）[6]，在誕生幾十年後的今天，依然是品牌象徵。愛諾·阿爾托和凱·弗蘭克設計的玻璃杯，也依舊是Iittala的熱賣商品。

除此之外，這些產品不時和國外設計師或其他品牌合作推出限定款式，讓收藏家特別心動。尤其是熱中收藏的日本人，經常對限定版商品著迷不已，與日本設計師合作因此也是芬蘭品牌的主要事業項目之一。在芬蘭的商店裡遇到獨自前來或跟團旅行、熱切尋找收藏物的日本人並不難，那些已有多年歷史的產品至今依然持續生產並受到人們喜愛，實在是一件神奇又令人羨慕的事。另一方面，這也可能讓後起的設計師頗為洩氣，年輕的芬蘭設計師和建築師便曾訴苦，他們很難突破著名設計師設下的、如同教科書一樣的天花板。

舊貨商店

上述設計品長期受到芬蘭全國人民的喜愛，因此不難在二手商店和跳蚤市集裡發現它們的身影，通常需要不只一套的盤子、杯子等餐具類數量尤其多。不過，杯杯盤盤即便看來相似，不一定都能等同而論。我雖然不是這方面的專家，這幾年逛了許多二手商店和跳蚤市集，耳濡目染下獲得了不少知識。例如，Iittala 一九六〇年首次推出由凱·弗蘭克設計的杯子今日仍不斷推出新色，但以前生產的、如今已經停產的顏色，價格比其他顏色高上許多。好比以前製造的紅色玻璃杯加入了鉛，因該製程對人體有害，現已禁用，基於特殊性和稀有性，紅色玻璃杯的價格就比其他顏色貴了一倍以上。陶瓷製品

由 Artek 推出，阿爾瓦．阿爾托設計的三腳圓凳「Stool 60」。
© Marco Melander

SECOND HAND
VARIETY

VINTAGE

NOPIFAN
tape

走在路上能見到各種類型的舊貨商店。

想在舊貨商店找到往年推出的芬蘭設計品並不困難。Marimekko 的產品與凱．弗蘭克設計的「Teema」系列餐具都很容易找到。

中，以前用手繪製花紋的雖然看起來比較樸拙，但價值比現在用轉印貼上花紋的更高。

專門販售這類設計品的舊貨商店往往根據店主的興趣和能力、物品年代，以及玻璃、陶瓷、家具、服飾等不同品項細分為不同類型，其中有很多專賣一九五〇年代戰後現代主義，即芬蘭設計黃金時期的設計品。除了那些非常著名的設計品，也能看到具有同時代風格的、各種有名和無名設計品，精彩程度宛如一間芬蘭設計博物館。

---

1 愛諾·阿爾托（1894-1949），芬蘭設計師和建築師，因為與 Iittala 和 Artek 合作而逐漸為人所知。有人認為，由於丈夫阿爾瓦·阿爾托的名氣更大，她對芬蘭設計界的影響力和實力被低估了。愛諾·阿爾托注重產品和建築的實用性及簡潔性，其風格對阿爾瓦·阿爾托產生很大的影響力。事實上，阿爾瓦·阿爾托的作品在她生前及死後有很明顯的差異。她有時獨立作業，有時和丈夫一起設計建築或產品。一九三六年在「米蘭三年展」獲得金牌。

2 塔皮奧·維爾卡拉（1915-1985），芬蘭設計師和雕塑家，運用塑膠、金屬、木材、玻璃等多種材料進行設計。從量產製品到雕塑，作品所及領域十分廣闊。曾獲多項國際獎項，為芬蘭設計代表人物。

3 蒂莫・薩爾帕內瓦（1926-2006）為芬蘭設計師和教育家，留有許多玻璃製的設計作品，為芬蘭現代主義的代表人物。

4 Pekka Korvenmaa (2010), 'Finnish Design, A Concise History', Helsinki, University of Art and Design Helsinki.

5 Pekka Korvenmaa (2010), 'Finnish Design, A Concise History', Helsinki, University of Art and Design Helsinki.

6 建築師兼設計師阿爾瓦・阿爾托並不會單獨設計家具或燈具，而是和建築一起，使其做為建築的一部分。三腳圓凳「Stool 60」是他一九三三年設計的椅子，以做為維堡（Viipuri）圖書館（又譯「衛普里圖書館」）的室內用椅。「Stool 60」由白樺木製成圓形椅面，下面栓了三個利用蒸氣加熱曲木技術製作的倒L形椅腳，外觀簡潔，可當椅子也可當桌子。不用時可向上堆疊，方便收納及騰出空間。兼具簡約美、耐用性和革命性的倒L形椅腳亦廣泛應用於阿爾瓦・阿爾托設計的其他家具，如桌子、沙發等。三腳圓凳「Stool 60」被視為阿爾瓦・阿爾托的代表作，至今仍持續生產和販售。

7 一九六四年，芬蘭紡織品品牌 Marimekko 創始人阿爾米・拉蒂婭（Armi Ratia）宣布 Marimekko 不會再推出花卉主題的圖案。旗下設計師瑪伊婭・艾索拉（Maija Isola）反對這項決定，創作了充滿花卉的圖案「罌粟花」。不同於先前常見的花紋，「罌粟花」具有強烈的色彩和大膽的花朵圖案，使人遠遠就能注意到。「罌粟花」受到大眾熱烈喜愛，成為 Marimekko 的象徵，每年都會推出不同顏色的新版本。

亞達：「我們全家會一起踏上跳蚤市集之旅」

山坡下的小店

卡利歐（Kallio）是赫爾辛基其中一區，意為「岩石」。從名稱就可看出，卡利歐區坐落在岩石山坡上。芬蘭全境——包括赫爾辛基在內——地勢十分平坦，卡利歐所在的岩石山丘因此給人一種比較戲劇性的感覺。卡利歐的地理條件極佳，靠近市中心，交通便利，距離中央公園、蝶略灣、阿爾瓦．阿爾托設計的芬蘭地亞大廈、芬蘭國家歌劇院、幾年前完工的赫爾辛基音樂廳、赫爾辛基頌歌中央圖書館等地標性建築都很近，居住人口相當多，街道上各式各樣的店家也吸引著人潮，再加上外國人的居住比例高，許多希望接觸多元文化、自由奔放的年輕人，以及希望享受城市便利性的年輕家庭都移居到此，讓卡利歐充滿了活力。

不知從何時開始，每次搭公車或電車進市區，經過卡利歐時，我都會注意到「卡利歐二手商店」。從玻璃櫥窗看進去，店內似乎有很多有趣的物品。然而，我從沒見過它開門營業，店門總是緊緊關上，裡頭毫無動靜。後來我發現「卡利歐」的營業時段相當特殊。事實上，赫爾辛基的二手商店經常見到非一般、不規則的營業時間。例如，只在周二、周三、周五的下午三點到五點營業，或只在周一、周四、周五、周六的下午四點到八點營業。若沒有特別標記在月曆上，不容易記清楚。總之，要是沒有非去不可的強烈意志和明確目標，要踏入店家，並沒有想像中那麼容易。

某個星期六中午，我決定抽出時間，在「卡利歐」營業時登門拜訪。由於意志強烈，我在開店前就抵達了。等了一會兒後，做為當天第一位客人，我終於踏進了店內，看見主理人亞達燦笑著迎接我。雅緻的「卡利歐二手商店」主要販售一九六〇、七〇年代風格的二手物，不僅包含芬蘭的著名設計品，還有各式各樣的家居用品、家具、燈具、服飾等。我對年輕的主理人亞達滿懷好奇，邀請她接受採訪，她也爽快答應了。

下班後開店

幾天後一個陽光明媚的傍晚，我們在卡利歐半山坡上的咖啡店 Kulma Kuppila 碰面，開始聊起我們共同關注的事情。亞達比我想像中還早展開事業，而且很小就夢想開店。

「我爸媽很喜歡收藏古董，而且是很有深度地蒐集。也許受到他們影響，我們三兄妹擁有一段很獨特的童年。學校放假或國定假日時，我們全家會開著車，一起前往其他鄉鎮、城市，拜訪各式各樣的二手商店、跳蚤市集和古董拍賣會。只不過那時我不是很享受這樣子的旅行。假如一個十歲小孩覺得拍賣會很有趣，我想那才是更奇怪的事吧？」

不過，亞達也說，由於從小就喜歡蒐集各類有特色的物件，長大後她便開始享受那些旅程了。

「卡利歐二手商店」（Kallio Second Hand）主理人亞達。

每年夏天，亞達全家會花上好幾天，從他們當時居住的北方城市羅瓦涅米（Rovaniemi）一路開車旅行到南方的赫爾辛基，中間停留各個城鎮，一起挖掘有趣的物件。整趟旅行的終點是以充滿各種迷人古董和國外稀有物件而聞名的赫爾辛基跳蚤市集（Hietalahden kirpputori，縮寫為 Hietsu）。一旦抵達，全家就會分散行動、各自尋找喜歡的物件，幾個小時後再次會合，熱情地介紹自己有哪些了不起的發現。

不知從何時起，從小沉浸在二手物品文化中的亞達開始希望擁有

「卡利歐二手商店」內部。就算不具備相關專業知識，也能逛得很開心。

一間自己的二手商店。雖然本人記不太清楚，但亞達十七歲那年曾經借住她家的一名交換學生後來再次見到她時表示：「哇！你那時候說過，結果真的開了自己的店！」由此可見，亞達至少早在十七歲時就已夢想開店。

「其實『卡利歐二手商店』不是我開的第一間店。我上大學時主修陶瓷，二〇〇六年和一群志趣相投的朋友一起開了一間販售芬蘭年輕設計師作品的店，那才是我開的第一間店。某天，因為店裡的展示櫃不夠，我們買了二手家具當成展示櫃，沒想到客人對那件二手家具

店裡處處可見亞達的私人收藏。

很感興趣，我們便開始將新品和二手物放在一起販售。在當時，那對我們而言是一項非常大膽的決定，我和朋友們為此討論了好一陣子。」

幾年後，亞達開展了自己的事業。經過幾次搬遷，二〇一四年於現址開設了「卡利歐二手商店」。

「我上大學時在二手商店打過工，平日上課，周末上班。在二手商店的工作實在太有趣了，我都不知道時間是怎麼過去的，而且周末的時薪是平日兩倍，對我而言簡直是最棒的機會！我從入學那年就開始工作，在同一間店一直待到畢業，也自然而然學到了該如何經營一間二手商店。」

最有趣的是，「卡利歐二手商店」是亞達的兩個工作之一。她白天是個平凡的上班族，下班後則經營她從小就夢想開設的二手商店。若沒有強烈的意志和熱情，身兼二職想必不容易，亞達卻笑著表示，因為是從小就在腦海中描繪的「我的事業」，所以這決定對她而言非常自然。這樣的她，實在令人尊敬。

讓舊物重獲新生

亞達的「卡利歐二手商店」給人一種相當溫暖的感覺。在現代簡約風格餐廳林立的道路上，這間小店很快就會吸引你的注意。從玻璃櫥窗看進去，店裡充滿了光是看著就會心情變好的各種大大小小物件。天花板滿是一九六〇、七〇年代，風格鮮豔的塑膠燈罩。櫥窗裡，模特兒、原木家具與布沙發的溫潤樸實，不停地吸引著路人的目光。即便不具備二手物相關專業知識，也能在亞達的店裡找到逛街的樂趣。

店裡那些充滿魅力的物件大多是亞達的私人收藏。由於受到父母影響，亞達從小喜歡蒐集東西，各式各樣的二手物總令她興奮不已。不同於在一般商店裡多半能夠預想將看見哪些物品，在二手商店或跳蚤市集，沒有人能夠肯定下次還會看見相同的東西。倘若發現了意想不到的物件，心中升起的那份喜悅更像一股神祕魔法。幾年下來，亞達一有空就蒐集的物件逐漸累積為一筆可觀的收藏，而那一個個物品如今都在店裡等待新主人的到來。

「我原本就喜歡蒐集東西，光放我的個人收藏就可以放滿一整間店。偶爾回爸媽家時我也會用一下『機會卡』，看看放了他們一生收藏的倉庫裡有什麼能帶回店裡販售。如果有需要維修的東西，經過我爸的巧手之後，都會變得像新的一樣！」

在亞達的店內，舊物和新品共存，她說自己很喜歡有年紀的東西和新近物品放在一起而產生的意外和諧。雖然很多新的產品製作精良，但她也經常發現一九六〇、七〇年代生產的物品更加精良耐用，為之驚訝不已。亞達深深希望人們能更關注二手物品文化，進而重新思考環境與人類製造物品的問題。想像著亞達每天晚上都在她夢想的工作崗位用熱情點亮黑夜，我彷彿獲得了力量。

巴席：「我的使命是挖掘舊物的價值」

舊貨家具店「克魯納」

和房子沒什麼緣分的我，住最久的地方是一棟屋齡超過百年、外觀宏偉的石砌公寓，坐落在赫爾辛基的克魯農哈卡區（Kruununhaka），此地有許多古色古香的建築，我在這區住了大約一年三個月。芬蘭的首都從土庫（Turku，位於芬蘭西南海岸的城市）遷往赫爾辛基後，隨著赫爾辛基大學和赫爾辛基大教堂周邊出現政府機關和住宅區，赫爾辛基逐漸具備首都該有的樣貌，克魯農哈卡區也在同一時期形成。[1]

那時我和現在的丈夫正在談戀愛，一邊散步一邊閒聊日常生活中的瑣事，對我們而言非常重要。克魯農哈卡區雖然有赫爾辛基最著名的旅遊景點赫爾辛基大教堂以及停泊著各類客船的港口，依然十分靜謐，散發著古色古香的韻味；與此同時，大街另一側又充滿了活力，形成一股奇妙的和諧。克魯農哈卡區充滿了魅力，對於所有想更認識彼此的情侶而言是再好不過的散步地點。

若從克魯農哈卡區的大街彎進一條僻靜的斜坡小巷，會看見左側一樓有間名為「克魯納」（Kruuna）的二手家具店。由於我們每次都是傍晚到那邊散步，店門總是關著。從外頭往內望，店內有很多高雅簡潔的北歐家具、燈具、餐具及其他物件。裡頭的燈具和沙發雖然明顯上了年紀，看起來卻一點也不老舊，宛如一本高級家飾雜誌裡會出現的光景。然而，我們似乎在走進去前就已卻步，以為那些東西一定不便宜，壓根沒想過踏進去看看。有很長一段時間，我們只和「克魯納」擦肩而過，從店外欣賞裡頭的物品就已相當滿足。後來，我們決定成為夫妻，找到了打算一起住的房子，煩惱著該添購哪些家具時，抱著「吃不到的葡萄，看一看也行」的心理，終於勇敢走進了「克魯納」。

近看那些物品，比遠觀時更美麗。簡潔俐落的原木家具絲毫不因年歲增長而黯淡，既高雅又洗練；布沙發充滿風格的色彩和圖案則和簡約的原木家具形成對比，同時散發和諧之美。彷彿被迷住似地，我們逛遍了整間店，腦海中早已開始想像那些家具擺放在家裡的樣子。就在我們陷入因為不實際而更加甜蜜的想像中，為之掙扎時，我們見到了「克魯納」主理人巴席（Pasi）。

一如店裡的物件，巴席也是深具魅力之人。我那厚臉皮的丈夫向他搭話時，他一邊

上了年紀的芬蘭家具、燈具，以及各式各樣的小物件，讓「克魯納」店內處處散發著溫暖的氛圍。

靦腆微笑，一邊彷彿早已等候我們提問許久，話匣子就像轉開的水龍頭一樣滔滔不絕。不知道是不是因為覺得我們這兩個年輕的異鄉人和他一樣對芬蘭的老物件感興趣很有趣，或是欣賞我們對老物件的好奇心，巴席向我們介紹每個物件的故事，很快就拉近了彼此的距離。

尋找那些被低估的老物件

剛開始構思這本書時，我最先想起的人其實就是巴席。和巴席對話得愈多，愈能從他輕柔的話語中感受到他的堅毅與信念。我能感覺到，巴席十分清楚自己正在做什

「克魯納」主理人巴席。

麼、未來想做什麼，以及為了實現目標又該做什麼。他對於自己從事的工作抱著源源不絕的熱情和求知欲，也具備廣博的知識，以及具批判性的視角。我對巴席的尊敬逐漸擴大為好奇，便藉這次機會正式邀請他接受採訪。

巴席表示自己正式投入二手物販售大約是十年前，不過打從小時候起，他對待周遭事物的觀點和態度和同齡人就已略有不同。

「我家是多代同堂的大家庭，親戚也都住附近。我從小就自然而然在爺爺奶奶的帶領下累積各種不同的經驗。我對周遭環境特別好奇，走在路上就忙著觀察店家招牌，去別人家裡就忙著觀察物品擺設。我很喜歡直接用手觸摸，以此感受和認識材質的特性，但這類行為一不小心就會引起別人的誤會或不高興。幸好當時年紀小，我在大人眼中只是看起來很可愛而已，大家笑一笑就過去了。」

巴席從小就喜歡在二手商店等各種不同的商店裡觀察物品和進行思考，和其他同齡人頗為不同。不知道是否因為這樣的行為很討人喜愛或令人感到神奇，大人們偶爾會幫助巴席買下他喜歡的物品。

長大後，巴席開始對物品的價值和價格產生思考和煩惱。除了物品本身的形態、顏色和材質特性，製作者和製作技術也成為他的關注焦點之一。八歲那年，巴席在某間二手商店看見一組標價十馬克的棋盤遊戲，儘管製作者和年代未詳，小小年紀的巴席卻對其技術之精巧深感佩服，依據自己的判斷，希望為標價加上一個〇，以原價十倍購買，讓店內的大人們嚇了一跳。巴席回憶，當時他認為該物品的標價比實際上的價值低太多了，讓他非常失望。

「比起物色新東西，尋找那些被低估的老物件並了解它們的價值所在，對我而言更有趣。有些諷刺的是，很多以前生產的東西比現在生產的更穩固、更精細。也許是基於這個原因，我自然而然立定了志向，長大後一定要開一間舊貨家具店。」

然而，縱然有興趣，也不能隨隨便便就開店。巴席長大後除了嘗試不同的工作、增廣見聞，一有空就把握時間學習和蒐集各類物件。若要開店，他不僅得知道物品的歷史和相關產業的變遷史，也必須擁有關於設計師、藝術家、製造商等的淵博知識。對他而言，時間永遠不夠用。

「為了開店而準備時，我好幾年都非常認真地蒐集物件。一旦開始蒐集就會沒完沒了，不過假如可以重來一次，與其不停地盲目蒐集，我會選擇更早開店，一邊了解客人對哪些物件感興趣，再一邊蒐集。畢竟我喜歡的東西和客人想買的東西不一樣。」

巴席指出，他從一開始就抱持著深耕一地的想法，非常慎重地選擇開店地點。舊貨家具店和一般店家不同，少有客人一年內光顧好幾次，而且很多是只在這城市停留一、兩天就離開的觀光客。因此巴席認為，「克魯納」最好維持原址，以便客人相隔很長一段時間後還找得到。幸運的是，「克魯納」從開業至今一直都沒搬家。巴席補充道，對商人而言，堅守同一個位址是項很大的挑戰。我想倘若是在房價更高、店面租金年年上漲的韓國，也許更不容易。

未來的文化資產

「克魯納」除了販售一九三〇至七〇年代的燈具、玻璃、陶瓷和織品，更以一九五〇年代的家具為大宗，其中不僅有書中經常提到的名品，也有設計師、藝術家或製造商曾做為原型（prototype）的稀有物件。除了名聲響亮的設計師作品，也可見到其他同樣能夠展現當時的芬蘭或北歐風格的設計師作品，整間店彷佛就是一座依據年代陳列展品的博物館。

巴席經營「克魯納」不知不覺已經十年了，店的規模一直沒變。他斬釘截鐵地說，未來也絕不會擴大，現在的大小剛剛好，讓他和合夥人揚（Jan）能夠親自管理並用心對待每一個物件。店的大小不僅會影響可陳列物品的數量，也會大幅影響兩人購買、管

在「克魯納」可以感受到以一九五〇年代芬蘭製品為主的北歐風格。

理和販售的物品品質，尤其是沙發、椅子等包含織物在內的家具，很多都年久失修，必須更換內部的彈簧、彈力帶，或是換皮、換布、去污、重新貼好翹起的木紋等。由於更換椅子內部結構或換皮換布必須委託熟練的專家，但專家手上通常有很多案子，若想獲得好成果往往得耐心等待，有鑑於此，巴席和揚親自學習並懂得基本修繕。也因為需要花費時間和人力成本，他們盡可能一開始就引進狀態完好、不需太多修繕的物件，若是極具特色和魅力的物件則不受此限。

看到有價值的物件，巴席收購後會先修繕再上架販售。很多時候則是接到委託，評估其物件狀態和價值後，再決定是否收購。由於巴席的經歷豐富又專業，結識許多公務員、企業家、藝術家和設計師，因此經常接到這些人的家人的委託。受理委託、檢核物件的過程中，巴席經常不可避免地接觸到比較敏感的家族史或個人史，而且大多都是極為私密的故事，他也極力避免那些故事淪為買賣過程中的閒話。此外，為了避免巴席和賣家之間的交情影響到買家的決定，原則上他不會將賣家的資訊告訴買家。

「左右二手物或古董價格的因素很多——設計師的名氣、物件的材質、完成度、稀有性、物況等，但也有很多人會被物件的故事吸引。假如都是同一時期生產的盤子，但某盤子是設計師親自參與生產的、或某個名人擁有過的，只要多了能夠引發人們好奇的故事，即使價格貴上一、兩倍，客人同樣樂意支付。很多店家知道那類故事會激發人們的想像並促使人們購買，可惜這點有時也會被濫用。」

巴席進一步指出，有趣的是，很多客人事實上只想聽美好的故事。有次，一位客人執意問出某套燈具原始持有者的出售原因。巴席猶豫了好幾天後，打破原則，將原因告訴對方。沒想到對方竟然很不高興，說和他想的不一樣，是個悲傷的故事，讓巴席覺得備受侮辱又哭笑不得。

雖然客人經常期待外觀美好的

「克魯納」販售的物件都經過巴席和揚的整理和照顧。

老物件背後也有一個美好的故事，但前來委託巴席收購二手物的賣家，大多是準備搬進療養院的老人或其子女、處理父母生前物品的人，以及面臨經濟困難而不得不變賣家當的人，很多都是悲傷的故事。每次接到委託，巴席都會前往物件所在的地點現場查看，仔細評估是否具有歷史價值、是否符合「克魯納」風格、需要多少修繕，然後再決定是否收購。有些物品即便年歲已久，物況卻好得連巴席都難以置信；有些物品即便具有價值，卻很可惜地因為保存不周，經過修繕也難以修復。即便委託人就

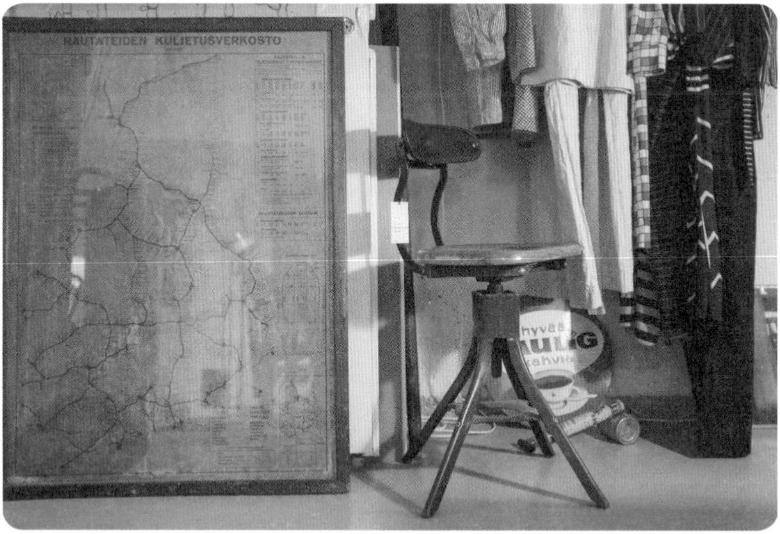

每個物件都有各自的故事，並等著下一個人的使用。

在一旁、眼中閃耀著光芒、高度期待物件被巴席看上，最後卻一件也沒收購的尷尬情況同樣不在少數。即便如此，巴席依然感謝那些沒有將物件賤價賣出或扔掉、花費心力前來委託自己的人。他甚至笑說，曾有子女純粹因為厭倦了有錢的雙親花了一輩子收藏的高價老物，乾脆全部捐給二手商店。多虧了如此，一般人才有機會以不昂貴的價格買到好物件。

另一方面，巴席難掩內心憤慨地指出，雖然有不少老物件經由這些方式而被保存下來，但還有很多老物件未經任何鑑定或保護就被丟棄、或是遭到遺忘。芬蘭各地存在著許多以前具備特定用途、如今失去用途或欠缺安全性而被歸類為拆除對象的老舊建築，包含公會堂、教堂、倉庫、衛生所等，他尤其關注那些為了容納經濟高速成長期間急遽增加的都市人口而興建的建物。當時的建築界同樣興起了現代主義風潮，快速又低廉的模組化建築逐漸普及，然而，一般用於模組化建築的建材相當有限，使得這類建築的外觀都頗為相似，明顯反映出那個時代的特色。另一方面，由於該類建築短時間內大量增加，此一特徵也因此被認為和建築的「醜陋」直接相關。巴席認為，若能在貶低和批評這類建築之前，了解其歷史背景，理解當時的侷限，有很多建築都值得留給後代做為資產。而今，那些建築大部分都沒有經過系統性鑑定或毫無保存計畫就遭到拆除，再加上拆除之前的出入管制鬆散，建築內部的家具、燈具、壁紙、建材等甚至被人偷走，被不明白其價值所在的人賤價出售。巴席表示，政府應該立法規範，建築被歸類為拆除對象之前，應該先經過系統化鑑定並實施嚴格管控，因為未來都可能成為國家寶貴的歷史及文化資產。他也認為，訂立完整的鑑定辦法，長期下來將有助於提升當地居民的自信與歸屬感。

拍賣會最高價背後的隱憂

以「求知若渴」來形容巴席，再適合不過。他待在店裡時仍不停地閱讀，店內一隅的工作桌和書櫃裡為數眾多的書籍、雜誌、目錄，以及各種考證文獻堆積而成的小山，在在證明了他的探索和熱情。巴席對於芬蘭設計品史的了解，尤其淵博得令人不敢置信。無論談到什麼，他都能對其歷史滔滔不絕，如實地反映出投入了多少努力和時間。巴席每星期定期和一群經常在拍賣會上購買芬蘭設計品並將其捐贈出去的朋友見面，一起深入研究那些物件。巴席說，他們會非常仔細地研讀歷史資料，並細細觀察物件的每一分、每一毫。他非常希望研究出來的物件價值可以分享給更多人知道。就連接受採訪那一天，他都忙著研讀某人寄來的論文附錄，替一個每年舉行兩次北歐古董拍賣會的業者鑑定某芬蘭古董的真偽和估價。巴席還說，他最近一直忙著為英國V&A博物館、日本大阪市立東洋陶瓷美術館等英、日、美等地的博物館提供展品和製作考證資料。他笑著表示自己是個很仔細的人，但館方比他想的還要細膩，同時又希望他提供大量資料，讓他因此做了很多功課。

巴席順帶提到，芬蘭設計古董品近年接連在國外各大拍賣會上刷新最高價紀錄。他感到開心，卻也抱持著擔憂。

「芬蘭設計品在國際市場上大放異彩，確實讓我很開心；但價格

巴席的工作桌旁滿是書籍、雜誌、目錄及各種考證文獻。

跟著水漲船高的話，不但會超出一般人的購買能力，還會成為有錢人的新投資標的。好物件應該在市面上流通、讓不同的人都有機會接觸到；一旦被當成投資標的而被買走，那就很少會再出現在市面上了。另一方面，國內市場很難不參考國際市場價格，就算是像我們這樣的小店家，也大可跟著國際市場的行情來標價，但那樣一來，價格肯定會超出一般消費者的想像，變成只有那一群有財力的人才有資格擁有的物件。那樣的情況是對的嗎？這讓我很擔心。那些物件在巴黎、紐約、東京出現那麼高的定價，有它的原因。可是這裡是赫爾辛基，我們當然可以跟著國際市場行情標價，但那不是芬蘭人的做法。至少對我來說是這樣。」

巴席不是只會將好看的家具陳列出來、只等著它們被買走的商人，而是不停地尋找有歷史價值的物件，努力使它們不被遺忘。每次前往我和先生曾牽手散步、我住過的克魯農哈卡區，我都會想起巴席，想著飽含熱情、有所堅持、富批判性的他，肯定又蒐集了很多有趣的故事並守護著「克魯納」。我期待和巴席再一次相遇，也祝福他能長長久久在同一個崗位上，成為「過去」與「現在」之間的橋樑。

1 一八〇九年，俄羅斯帝國在與瑞典帝國之間展開的芬蘭戰爭中獲勝，後將芬蘭大公國的首都從土庫遷往赫爾辛基。相較於土庫距離瑞典近，赫爾辛基距離俄羅斯帝國的首都聖彼得堡較近，更有利於管控。

莎拉：「尋找能為好物件賦予價值的下一個使用者」

芬蘭國民品牌與二手商店的合作

Marimekko 是當代人人熟知，以簡潔又大膽圖案著稱的芬蘭服飾及家飾品牌，不過一九五一年創立時，最早是以女裝起家。當年為了擺脫歐洲過於定型化的女性審美觀、過時的樣式與圖案，Marimekko 推出了強調活動性的女裝，進而在國際舞台上嶄露頭角。無腰身的A字洋裝、中性的 Jokapoika 襯衫[1]、Tasaraita 圖案[2]衣服，在當時可謂既大膽又前衛，引起轟動。此外，那時的女裝經常出現小碎花，Marimekko 將之放大到遠遠就能看見的程度，並大膽使用引人注目的對比色，推出了罌粟花圖案，創造出 Marimekko 特有的風格。這些圖案基於其強烈的視覺性與社會象徵性，歷經五十多年考驗，如今成了 Marimekko 的標誌。

Marimekko 質樸又直率的風格，因著現代主義的潮流，受到了全球性的關注和喜愛。這對於歷經艱難、渴望挺直腰桿的芬蘭人而言，可謂莫大的回報。在這樣的社會氛圍之下，Marimekko 被推崇為芬蘭國民品牌，一點也不為過。

二〇一六年某個夏日，我在 Marimekko 會員電子報看見了令人意想不到的驚喜——Marimekko 和二手服飾店「Vestis」聯手推出 Marimekko 二手衣特賣活動！Marimekko 至今仍不斷推出新品，如今竟要重新販售以前的商品，真是一項非常有自信的舉措。而「Vestis」能和 Marimekko 合作推出如此企畫，同樣了不起。

Jokapoika 襯衫至今仍持續推出不同顏色的新版本。

我以前聽說過「Vestis」。幾年前剛開始對芬蘭的二手物品文化感興趣時，丈夫就告訴過我，一群剛從大學畢業的年輕人一起創立了二手商店「Vestis」。當時我只知道 Vestis 會在購物網站上販售品質不錯的二手衣物，沒想到他們不知不覺間已經發展得如此穩健，能夠和 Marimekko 合作舉辦活動，實在令人驚奇。

二〇一六年九月十日至十一日，Vestis 與 Marimekko 首次二手衣特賣活動於赫爾辛基亞歷山大街（Aleksanterinkatu）的 Marimekko 直營店舉行，身穿不

亞歷山大街的 Marimekko 直營店是 Vestis 與 Marimekko 首次二手衣特賣活動地點。

同年代 Marimekko 舊款服裝的櫥窗模特兒不停地吸引路人的注意。特賣活動所在的二樓，每種款式只有一件庫存，一件件掛在衣架上，彷彿一座服飾博物館。那一刻我驚訝地發現，Marimekko 各年代推出的衣服，雖然形態和色彩不太一樣，五十多年來的各種款式卻形成了一股和諧。會場空間不大，擠滿了不同世代和國籍的人，每個人都專心地欣賞和選購那些難得一見的品項。二手物最大的魅力之一就是「每個商品不會有第二件」。不知是否因為如此，會場內甚至瀰漫著一股微妙的緊張氣氛，碰到那些手上提著的購物籃內裝滿戰利品、表情悲壯、身姿敏捷地到處穿梭與選購的人，還會被他們的氣勢所震懾，自動讓位。這活動讓就算對 Marimekko 服飾沒有特別研究的我，也感受到了奇妙的樂趣和感動。每當有衣架空了，很快又會補上其他二手衣。由於無法預測會有什麼品項上架，每位上門的客人都滿懷期待。

Vestis 與 Marimekko 首次二手衣特賣活動於二〇一六年成功舉辦後，二〇一七年和二〇一八年，接連在北歐最大的設計盛會「赫爾辛基設計周」（Helsinki Design Week）期間，於曼納海姆大道（Mannerheimintie）的 Marimekko 直營店再次舉辦。原以為單次的限定活動，由於受到大眾的歡迎而得以延續。不僅在芬蘭國內，在國外亦引起了廣泛關注。

進駐購物中心的二手商店 Vestis

Vestis 三次特賣活動圓滿成功，為了趕在好奇心消失之前訪問特賣活動的企畫人，我前往赫爾辛基附近的艾斯波市探訪 Vestis 的實體店面。艾斯波的 Iso Omena 購物中心裡，各大著名品牌的門市之間，Vestis 是唯一一間二手商店。我在那裡見到 Vestis 其中一位創辦人莎拉（Sara），聽到了 Vestis 以及和 Marimekko 共同舉辦二手衣特賣活動的詳細故事。

「Vestis 的創辦其實出於偶然。我的衣櫃裡有件衣服已經掛了好幾年，不知為何我就是不會拿它來穿。那件衣服的品質很好、又好看，雖然貴，但當初我下了很大的決心才買，沒想到買回家後卻不怎麼穿。送給別人覺得有點可惜；留著穿又好像不太適合我，讓我忍不住納悶當初為什麼要買。後來因緣際會，我把那件衣服賣給了別人。把這件事說給身邊的人聽，大家紛紛表示自己也有相同的煩惱，讓我了解到很多人其實都有類似情況，就決定和兩個朋友一起往這方面創業，Vestis 就是這樣誕生的。」

Vestis 在實體店及購物網站上販售的二手衣皆來自客人委託。品項售出之後，所得由委託人和 Vestis 平分，Vestis 無須囤積庫存。

「我們成立 Vestis 的目標是『尋找能為好的物件賦予價值的下一個使用者』。讓衣服不要只是被堆放在衣櫃裡，而是傳給下一個同樣能用心對待、但更會使用到的人。這裡最重要的是物件的品質要好，才能長久使用，而且其意義和價值不會輕易隨著時間而減少，購買者也會更懂得珍惜。Vestis 的使命就是找出那些品質好的二手衣，成為買家和賣家之間的橋樑。」

做為充斥著各大品牌和全新商品的購物中心裡唯一一間二手商店，Vestis 的策略可說十分大膽且令人印象深刻。但若從芬蘭人習慣買賣二手物這一點來看，或許也可說是意料之中。只不過，依舊有不少人帶著新奇的眼光走進 Vestis，可見在購物中心裡設有二手商店，就算對芬蘭人而言也頗為新鮮。Vestis 明亮活潑的空間內，一半的二手衣是 Marimekko，一半的二手衣是其他品牌。所有整整齊齊掛在衣架上的衣服和平台上的飾品都掛著「回收再利用」吊牌——在購物中心裡，此番風景意義重大。

莎拉笑著表示：「知道Vestis是芬蘭國內唯一一個進駐購物中心的二手商店時，我非常非常開心。希望以後我們可以在這裡深耕，我很喜歡這個地方。」

可獲利的合作所帶來的喜悅

關於 Vestis 和 Marimekko 如何展開合作，莎拉回答：

進駐購物中心的二手商店 Vestis。

莎拉是 Vestis 的創辦人之一。© Vestis，拍攝者 Marta Jaakkola

不同年代的衣服卻形成了一股和諧。

上架的二手衣都掛著「回收再利用」吊牌，在購物中心裡意義更重大。

「幾年前吧，我們在某次採訪中提到 Vestis 賣出了相當多 Marimekko 二手衣，或許哪天可以和 Marimekko 共同進行一些有趣的合作。沒想到隔天 Marimekko 的人就來聯繫我們了，說想一起企畫有趣的活動。誰也沒料到事情會進展得那麼快，我們都嚇了一跳！」

莎拉說，從那天起，Vestis 和 Marimekko 便著手構想二手衣特賣活動。為了測試市場水溫，他們首先以 Marimekko 員工為對象，進行了第一次的內部模擬活動，讓員工們有機會將沉睡在衣櫃裡的 Marimekko 單品拿出來賣給同事，結果活動十分成功。接著，他們擴大規模，以 Marimekko 會員為對象，在實體店內舉辦相同的活動。原本以為參與率會很低，結果很多會員帶了不同年代的單品來賣，前來購買的顧客也比想像中還多，其中甚至不少單品連多年接觸 Marimekko 衣服的莎拉也很少看過，而且物況出乎意料地好，令人驚豔。還有一位衣櫃裡九成衣服都是 Marimekko 的老奶奶拿出部分單品參與盛會，引發了不少關注。莎拉說，活動當天除了很多人前來尋找特色古著，也有不少人希望找到一、兩年前推出的款式，由此可見大家對於 Marimekko 這個品牌的信賴和喜愛。

透過兩次模擬活動了解成效並獲得信心後，他們在赫爾辛基市區最繁華的亞歷山大

二〇一八年「赫爾辛基設計周」期間舉辦的 Vestis 和 Marimekko 的二手衣特賣活動，借助口碑的力量，總共賣出一千多個品項。每件衣服只有單一庫存，賣出後，很快又有其他二手衣上架。

二〇一六年 Vestis 和 Marimekko 首次二手衣特賣活動中年代最久的單品，一件一九五〇年推出的 One piece 洋裝。
© Vestis，拍攝者 Jonne Heinonen

街 Marimekko 直營店舉辦了第三次、也是首次公開活動。Vestis 活用品牌 Marimekko 與大眾對品牌的信任，制定了能將成效發揮到最大的企畫——不是販售 Vestis 之前蒐集到的 Marimekko 二手衣，而是只販售客人為了參與這次活動拿來的 Marimekko 二手衣。

「一如 Vestis 原本的經營理念和模式，特賣活動也努力為客人拿來的物件尋找下一個使用者。兩天內，我們收到了兩百多件衣服，還有許多包包、圍巾等飾品，其中很多都成功賣了出去。活動上，年代最久的單品是一件一九五〇年推出的 One piece 洋裝，每個人看了都嘖嘖稱奇。這真的是個很難得的機會。」

此後，Vestis 和 Marimekko 持續合作。Marimekko 相當滿意首次特賣活動的成果，和 Vestis 相約繼續合作，在二〇一七年和二〇一八年「赫爾辛基設計周」期間，於 Marimekko 直營店分別舉辦了為期一周的特賣活動，二〇一八年度更賣出總共一千多個品項。由於迴響熱烈，每年也在土庫、坦佩雷（Tampere）、拉赫蒂等城市舉辦兩次小規模特賣。

「特賣活動的籌備和舉辦的過程非常有趣。我們不是會同時接觸到買家和賣家嗎？很多賣家告訴我們，能把自己好好保存的衣服在特賣活動中拿出來，找到比自己更常使用的人，讓他們非常滿足。我想那應該是因為有人能體會自己當初買回家時的那種心動吧！在活動現場可以充分感受到人們對於二手物的關心和熱誠。看到大家相當享受我們努力策劃和籌備的特賣活動，我們同樣無比開心。不少買家都表示自己是第一次買二手衣，以前雖然沒想過買二手衣，但特賣活動拓寬了他們的視野，是一次很有意義的經驗。每次聽到這樣的話，我都會覺得Vestis希望傳達的理念似乎已經成功傳達了出去，覺得非常欣慰。」

芬蘭設計品的力量

在芬蘭，無論何種類型的二手商店，都很容易看見芬蘭設計品——Arabia 的陶瓷製品再常見不過，Iittala 的玻璃製品更是隨處可見，要找到 Marimekko、Finlayson、Pentik、Hackmann 的產品也不是難事。這些在芬蘭人家裡、咖啡館、餐廳、街上，不想看見也一定會看見的設計品，雖然可能對某些人而言是無趣的、令人厭倦的，卻也提供了一個讓人思考的機會——二手物品文化能在芬蘭蓬勃發展的其中一個原因，是否就在這之中？

因為「非常芬蘭」而可能有些令人厭倦的芬蘭設計品，都是以中產階級為對象、相當實用的生活用品，在芬蘭設計逐漸為世人所熟知的過程中扮演了極重要的角色。也許因為芬蘭設計品特別注重實用性、耐用度與形態簡潔，不太會因為流行趨勢的改變而式微，所以即便經過了好幾個世代，依然很快就能找到下一位使用者。

二手商店裡的二手商品絕對不是別人拿出來扔掉的物品，而是原本的持有者希望有人能像他一樣、或者比他更妥善使用，所以辛辛苦苦拿來店裡販賣的，這一點非常重要。雖然實際上有更多東西因為使用者的一時疏忽而損壞，或因使用者缺乏觀念而被直接丟進垃圾桶，但會出現在二手商店裡的物品，基本上都被認為具有特定價值，年紀短則數月、長則數十年，有些甚至可能被好幾個人用過。雖然不是所有的二手物都品質好又耐用，但購買新品時若能想一想——這東西以後還有使用價值嗎？堅固耐用嗎？運氣好、都沒損壞的話，能在二手商店裡遇見下一個主人嗎？——我們就能當一個更負責任的消費者。

Vestis 正在努力壯大事業。雖然 Vestis 目前只在赫爾辛基定期舉辦活動，但他們希望未來也能在其他城市舉辦。莎拉表示，對芬蘭設計深感興趣的日本和中國等地同樣十分關注 Vestis 的一舉一動，未來不排除和他們進行一些有趣的合作。

包含古董在內的二手物不僅能給老一輩、也能為年輕世代帶來靈感，並讓人重新發現物品的價值。而 Marimekko 和 Vestis 的合作之所以能夠成真，都是因為有那些竭誠製作衣服的人、懂得珍惜和保存衣服的人，以及願意繼續為其賦予價值而樂於購買的人。

---

1 一九五六年由 Marimekko 設計師 Vuokko Nurmesniemi 創作，為具有生動筆觸的直條紋圖案，有不同顏色的版本，同時受到男性及女性喜愛。此圖案在二〇一六年迎來六十周年，至今仍持續推出。

2 一九六八年由 Marimekko 設計師 Annika Rimala 創作，看似只是單純的橫條紋，五十年前推出時象徵兩性平等，強調所有性別和年齡的人都能穿，引起轟動的同時也受到許多人喜愛。此圖案在製作上確實不分男女，至今仍持續推出不同顏色的新版本。

約翰尼斯與尤哈納兄弟檔：「在預定拆除地搶救有價值的東西」

預定拆除地的探險隊「Waste」

某天，我偶然在臉書上發現一間名叫「Waste」的公司，興奮得不得了。我想起採訪二手家具店「克魯納」主理人巴席時，他曾感慨並滔滔不絕地表示，芬蘭各地有許多老舊建築未經系統性鑑定或考證就被拆除，裡頭有許多建材和家具甚至被當成廢棄物丟掉，或者被人偷走，政府有必要詳加規範和管理，「Waste」正是一間專門走訪預定拆除地、搶救其中有價值的物品、予以修繕和販賣的產品與室內設計公司。我很想進一步深入了解，幸好「Waste」的工作室和展廳就在離我家不遠之處。某天下午我騎著自行車前往，見到了正在工作的約翰尼斯（Johannes），和他約定了正式採訪的時間。

採訪當日，由於心裡多了份從容，我得以更仔細觀察「Waste」內部空間：展廳裡有許多被搶救回來且妥善陳列的物品，一旁的工作室則堆放著數十個形狀相同、尚待修繕的大型鐵製吊燈。「Waste」主理人約翰尼斯與尤哈納（Juhana）兩兄弟在百忙中騰出午餐時間接受我的採訪。我們坐在工作室的餐桌前，正式展開訪談。

「Waste」是北歐地區規模最大的拆除業者 Delete 旗下的公司，專門走訪預定拆除地點，搶救其中具歷史價值、審美價值或商業價值的家具、燈具和建材，予以修繕、組裝，使其重生，再拿出來販售或用於室內裝修。正在學習產品設計的哥哥約翰尼斯，以及正在學習平面設計的弟弟尤哈納，由於擁有相同理念，便一起經營「Waste」。

「我以前是產品設計師，工作了很長一段時間。某天，我看著那些不停被生產出來的東西，以及沒被好好使用就被丟棄的物品，內心開始出現很深的矛盾。又因在那個龐大的體系裡扮演了『產品設計』的角色，我心中某一處甚至產生了罪惡感。」

約翰尼斯從多年前起便認為人人都應懂得看見物品的價值，並努力將其發揮到最大。約莫四年前，他獨自創立「Jouto Design」，首度試行在預定拆除地點搶救物品、予以修繕再拿出來販售的商業模式。透過親身嘗試而掌握要領的約翰尼斯認為，這項事業若要穩定運作，必須有固定管道可以取得預定拆除地點的相關資訊、持續且系統性地蒐集物件，以及充足的人力，決定將「Jouto Design」的商業模式提案給專業的拆除公

「Waste」的工作室和展廳裡有販售中的物品、被搶救回來的物品，以及等待修繕的物品，共同形塑出一種獨特的氛圍。

展廳裡的物品都從芬蘭各地的預定拆除地點搶救回來。

哥哥約翰尼斯（左）和弟弟尤哈納（右）。© Hannu Kurvinen

司 Delete，也達成了協議。後來，擁有相同理念的弟弟尤哈納加入，遂發展為現今的「Waste」。

在廢棄的煉鋼廠中尋寶

「Waste」的運作模式如下。首先，兄弟倆會定期從母公司 Delete 那裡取得預定拆除地點的目錄。仔細研究目錄後，以特定時間內有辦法前往的地點與具歷史價值的地點優先，擬定考察計畫。計畫底定後，他們便著手聯絡該地點的負責人，協調日期，在約好的日子前往現場考察，並帶回符合「Waste」風格的物件，予以修繕或和其他物件組合在一起，製作成具商業價值的物件或家具，再放到展廳裡販售，並同步上傳至網路商店。

兄弟倆表示，由於時間有限，「Waste」不可能前往目錄上所有地點，只能選出其中幾處，而且遠不如想像中容易。因為那些地點包含了學校、教堂、溜冰場等各式各樣的建築，遍布芬蘭各地，但他們無法在交通上花費太多時間，很多距離太遠的地點，即便再怎麼想去也只能忍痛放棄。

「目前我們以最精簡的人力經營公司，因此以距離赫爾辛基不遠的地點優先。雖然很多地方想去卻去不了，很可惜，但公司這麼多事，只有我們兩個人處理，最寶貴的就是『時間』。」

他們通常會盡可能在一天之內完成現場考察和物件蒐集，但偶爾也會力不從心。有一次，他們為了前往所有非去不可的地點，整整花了一個禮拜現場考察。兩人至今走訪過的地點多數位於赫爾辛基附近，不會太遠，不過最遠也去過東邊靠近俄羅斯邊境一帶，以及西北邊靠近瑞典邊境的地區。

印象最深刻的預定拆除地點是哪裡呢？兩人表示，無疑是二〇一七年底考察、位於芬蘭西南方城市漢科（Hanko）的「科維爾哈（Koverhar）煉鋼廠」。該煉鋼廠自一九六〇年落成後便積極投入運作，但後來母公司破產，最終於二〇一二年停擺，此後由於沒有任何業者接手經營，Delete 便著手制定拆除計畫。[1]

這座廢棄多年、許久無人問津的巨大煉鋼廠大得宛如一座城市，使兄弟倆大吃一驚。由於杳無人煙，他們只能從那些原封不動地留在原地的港口、火車站、起重機及各項工廠設施，遙想以前產業興盛時煉鋼廠如同心臟般忙碌運作的模樣。兩人還記得考察那天雨正好從屋頂上一個大洞不斷落入，地面上還有一個十公尺深、用途不明的大坑，使現場更顯陰森和淒涼。

另一個讓兄弟倆印象深刻的地點是芬蘭西南岸城市楠塔利（Naantali）附近一個巨型船隻的拆除現場。兩人指出，船上的家具通常得堅固又輕便，以免過度增加船隻總重量，裝飾材也必須是不易生鏽的，所以他們認為很有機會在那裡找到一般拆除地點較少見的特殊物件。對於不斷尋求既堅固又具簡約之美物件的兄弟倆而言，是一個非常吸引人的地點。

「比起私人建築，公共建築裡更容易發現有價值的物件。私人建築裡的物品大多是私有財，人們離開時通常會把物品全部帶走；相反

科維爾哈的廢棄煉鋼廠。© Petri Uomala

地，公共建築裡的物品多半不屬於任何人，屬於公家機關，所以經常被留在原地。每次看見那些被留在原地的物品，我的心情就相當微妙，一方面很平靜，一方面又隱隱期待會有哪些新奇的發現。」

不懂就會「有眼不識泰山」

那麼，兩人在現場進行物件考察和鑑定時，只憑感覺嗎？事實上，對於必須探訪各年代、各類型建築的兄弟倆而言，認識材料並抱持著不斷學習的態度，可說非常重要。他們不僅必須認識建築落成的年代、使用何種建材、當時有哪些常見的室內裝飾，還必須了解各年代有哪些產業特別興盛、每種建材各有什麼常見用途等等，包含了各種不同年代和產業的相關知識。兩人表示，唯有事先知道材料的物性、某種材料的價值以後會增加還是降低，實地考察時才能「有眼識泰山」，以及在修繕過程中減少犯錯次數。事業發展得愈大，上述愈發顯得重要。

「如何發展『Waste』的特色是另一個重要課題。雖然我們也可以將『Waste』正在做的事簡單化約為『回收』和『販售』，但如果希望『Waste』繼續成長，變成一個可持續的事業、一間被大眾熟知的設計公司，『Waste』就必須發展出自己的特色。我們從拆除地點取回的物件大部分都至少需要一些修繕，而修繕又需要花費時間和人力成本，為了減少這方面的支出，我們會盡量做比較安全的選擇，也就是帶回那些損耗較少、物況較好的物件。不過，做為一間設計公司，想發展自己的特色有時候還是必須大膽點。我們希望未來能夠藉由這些豐富的實地考察經驗以及對材質的深刻理解，提供大膽的選品和組合，打造出『Waste』特有的風格。」

「Waste」每個物件的吊牌上都會標明發現地點，例如，書桌是在鄉下某間廢校找到的、燈具是在某間廢棄工廠找到的、長椅是在某個舊港口找到的。兄弟倆說，他們看著每一個物件，就會想起發現地點、當天的天氣、現場的氣味和氛圍，希望藉由分享自己的經驗和故事，讓購買者更加愛惜物品，並對回收再利用的文化投入更多關注。這讓我想到，知名整理收納專家近藤麻理惠在她的實境秀節目[2]裡協助那些在整理收納上有困難的人時，經常指著一個一個的物品，問「這會讓你怦然心動嗎？」。如果感到開心又戀戀不捨，就把它留著；如果不會，就果斷地把它扔掉。愛惜某個物品的話，我們就會好好地對待它、長久地使用它。約翰尼斯和尤哈納希望的，正是幫助人們產生「愛惜」的心。

在芬蘭，販售具有價值的老物件的店家很多，但直接前往預定拆除地點把物件帶回的業者，「Waste」是第一個。身為該領域開山鼻祖，兄弟倆為之自豪。即便開拓的過程有辛苦之處，但每當受到肯定，又會確信自己正走在正確的道路上。去年兩個人參與了設計展，向大眾宣傳「Waste」正在做的事和未來想做的事，努力強化其做為一間設計公司的地位。雖然要讓「Waste」變得更加穩固需要不少時間，但兩人希望五年、十年後，有更多業者和「Waste」做一樣的事，如此一來，才會有更多人以更慎重的態度對待物品，下一代也才能在更好的環境裡生活。

修繕物件的工作室。

來自不同地方的物件在「Waste」形成一股和諧。

1 Delete, ‘Demolition of Koverhar steel factory’, accessed 15 Dec 2018. 網址：www.delete.fi/en/references/demolition-of-koverhar-steel-factory。

2 節目名稱為《怦然心動的人生整理魔法》（Tidying Up with Marie Kondo），由 Netflix 推出。

第六章

與芬蘭人的性格很像

環境造就文化

芬蘭的四季：冷春、暖春（夏）、秋、冬

芬蘭四季分明。由於位處北半球的高緯度地帶，夏季有永晝，冬季則是相反的永夜，季節差異極為明顯。冬季的黑夜十分漫長；一年當中日照時間最長的夏至過後，每天的日照長短會以六分鐘逐日遞減，到了冬至所在的十二月，日照時間只剩下五、六個小時，其中甚至有不少陰天，連太陽都看不見。上述還是赫爾辛基等南方城市的冬季日照量，若在更北方，冬季幾乎看不見太陽。很多芬蘭人習慣喝又濃又酸的咖啡，可見即便是芬蘭本地人也難以應對漫漫黑夜。由於太陽很晚升起，若不看錶，很難分辨究竟是早上或仍是半夜。起床以後，往往必須喝下很濃的咖啡或紅茶才能趕走睡意，有些人甚至會使用太陽光模擬燈幫助自己在早上醒來。不過，到了一、二月，覆蓋著萬物的皚皚白雪，以及冬至過後逐漸升高的太陽，都會讓黑夜變得比較明亮些。

芬蘭人認為的「春天」和我認為的「春天」有很多不同。芬蘭人認為，只要雪開始融化、日照時間變長，就代表春天來了，會開始穿著輕薄的衣物上街。但我在芬蘭住了這麼多年，四月仍猶豫著要不要穿衛生衣。就算到了四月底，韓國的賞櫻季已經結束了好一陣子，依然會在芬蘭街頭、建築物旁的陰影處發現積雪，讓我只能又氣又無奈地乾笑。直到愈接近夏至，日照時間增加，連客廳的角落也明顯變明亮時，我才會真正感覺春天來了。

芬蘭的夏天非常完美，足以讓人忘卻那宛如又長又暗隧道的冬

秋天的日照時間愈來愈短，燈火通明的市區很快就迎來黑夜。

天。夏天一到，芬蘭人就變成向日葵，哪裡有陽光就往哪裡跑，好多曬一點太陽。只要天氣晴朗，人們就會光著身子躺在公園或陽台做日光浴，並想盡辦法到戶外活動，努力在黑暗於幾個月後再次來臨之前盡情享受整座城市。用「舒爽、涼爽、清爽」這些一想到就讓人心情愉悅的詞來形容，再貼切不過。雖然根據我的標準，芬蘭夏天的氣溫算低，可說只有「冷春、暖春、秋、冬」四種季節，但夏天的溫暖陽光、乾爽空氣，以及海鷗的啼叫聲所構成的風景，絕對是支撐我在芬蘭住上十多年的最大原因。

芬蘭夏季的涼爽使人忘卻冬季的嚴寒。

基於上述，在芬蘭生活經常受到天氣影響。冬天一到，芬蘭人就會待在室內，用酒、咖啡和燭光排遣外出的不便。若時間和金錢充裕，則會像逃跑似地飛到陽光明媚的南歐或東南亞。有人甚至笑稱，赫爾辛基的大眾運輸時刻表如此準確又仔細，是為了盡量減少寒冷冬日中人們站在戶外等車的時間。每年一開始變冷，車子就得換上冬季輪胎，輪胎上的金屬與鏟雪車鏟除路面冰雪時很容易刮壞馬路，路面經常需要維修。

天氣同樣大幅影響了城市的面貌。很久以前興築的老城區有很多石砌建築以龐大厚重的石材建成，窗戶都小小的，看起來相當封閉。近代興建的建築雖然隨著技術的發展在外觀上變得比較開放，但建築師指出，由於仍必須遵守嚴格的建築法規，以防範冬季暴雪、注重保暖防寒，還是很難建造出具實驗性形態的建築。芬蘭的建築法規更多著墨於冬天，而非夏天，建築在外觀上必然受限。

適應不同天氣的二手物品文化

芬蘭夏天的天氣特別適合進行戶外活動，空地或公園經常舉辦跳蚤市集，任何路過的人都能輕鬆參與。到了冬天，跳蚤市集則移至室內舉行。赫爾辛基有很多地點會定期舉辦跳蚤市集，許多咖啡廳或商店也經常舉辦二手物特賣會以吸引客人。這讓我了解到，對於芬蘭人而言，逛二手商店或參與跳蚤市集，就是享受閒暇的方法之一——和家人或朋友一起把整理好的二手物拿出來販售，或者當個客人、碰碰運氣，看看能不能找到喜歡的東西。

我突然好奇起來，何謂「跳蚤市集」？又為何叫「跳蚤市集」呢？關於跳蚤市集的起源眾說紛紜，其中最可信的一說認為是從法文「Marche aux puces」演變而來，指「販售那些陳舊得似乎有跳蚤在上面的二手物品的戶外市集」。有時候除了二手物，也販售手工藝品或地方特產，形成一個龐大的市集，甚至有人賣吃的，讓人們一邊悠閒遊逛、一邊吃吃喝喝。

小學時，我曾把東西拿去媽媽團體舉辦的一年一度義賣會上賣。我還記得，塵土飛揚的操場上擺滿了桌子和活動帳篷，由於小學生還不懂事，攤子上反而是媽媽們賣力販售著。後來，我沒再遇過有人舉辦類似活動，便也忘了這件事。直到上了大學，才終於又在學校前方的遊樂場看見跳蚤市集的攤販。那個遊樂場的空間雖小，但附近有許多商辦大樓，人潮來來去去，在地理上具有十足的象徵性，也讓那裡定期舉辦的跳蚤市集被認為是當地具代表性的文化之一。只不過旁邊的道路很窄，人車無法分流，逛市集時還得避開行經車輛，悠閒不起來。

幾年後在赫爾辛基，我偶然隨朋友去了一個跳蚤市集，獲得了意想不到的快樂。雖然景象很陌生，瀰漫在空中的那股愉悅能量，就連不容易融入當地的外國人也一下子就被感染。最重要的是，芬蘭的跳蚤市集大多不是由商人、而是由一般民眾所組成，可以看見芬蘭最自然的一面。

夏日之樂：戶外跳蚤市集

凋零傳統市場的重生

赫爾辛基是一座港口城市，南岸有許多過去曾做為交通及貨運樞紐的港口。以前芬蘭全國各地的肉品、海鮮、蔬菜運送到港口後，會再送往傳統市場販售，如一八八九年落成的老農貿市場（Vanha Kauppahalli）、一九〇三年落成的希耶塔拉赫蒂市場（Hietalahden Kauppahalli），以及一九一四年落成的哈卡涅米市場（Hakaniemen Kauppahalli）。[1]

放諸各地，傳統市場都在逐漸凋零。隨著現代人食物選擇變多、消費管道多元化，傳統市場不再是主要的食材販售通路。為了找到出路、發揮不同於以往的作用，傳統市場不得不經歷各式各樣的轉型和嘗試。如今，前述三個傳統市場都在經過大幅整修和品牌重整後，脫胎為洋溢著年輕氣息的空間。歷史悠久的外觀不變，內部卻變得明亮且通暢許多，讓所有年齡層的人都能舒服地購物和用餐，不僅像以前一樣有販售各類食材的店鋪，還增加了各種異國餐廳和咖啡館。傳統市場裡不再只有價格低廉的物品，也開始提供種類更多且品質良好的東西。

其中，希耶塔拉赫蒂市場坐落於赫爾辛基市區西南角，不遠處就看得見港口。這棟擁有一百一十五年歷史的紅磚建築前方有一大片空地，自市場落成以來就被當作停車場。一九八一年在赫爾辛基市政府規劃下，空地上首度舉辦了戶外跳蚤市集。市政府認為，傳統市場具有如此大的影響力，前方的空地應該同樣潛力十足，卻因多年未經規劃而浪費了許久。據說對當時的人而言，在市區舉辦販售二手物品的戶外跳蚤市集是一件很陌生的事，很多人並不看好。然而，跳蚤市集散發的活力和多采多姿，在日常生活中並不容易感受得到，很快地，愈來愈多人開始關注並給予支持。最特別的是，希耶塔拉赫蒂市場前方的跳蚤市集除了一般攤販，也有很多專業商家參與，以充滿奇特的異國物件聞名，廣受收藏家喜愛。

因為是戶外，希耶塔拉赫蒂市場前方的跳蚤市集每年只在五月到九月舉行，雖然只有短短五個月，但天天開市。只要上赫爾辛基市政府網站登記，任何人都可以輕鬆租下攤位、成為賣家，使得民眾參與度極高。不僅深受當地人喜愛，也廣受遊客歡迎。附近的交通相當方便，只要在赫爾辛基電車六號線的終點站沿著赫爾辛基大道（Bulevardi）走到差不多看得見海的地方，右手邊就會出現希耶塔拉赫蒂跳蚤市集。參與希耶塔拉赫蒂跳蚤市集可說是最適合享受風和日麗夏日的活動，每年參與賣家多達一萬兩千位，也是赫爾辛基歷史最悠久的跳蚤市集，至今持續舉辦。

哈卡涅米跳蚤市集亦然。哈卡涅米區距離赫爾辛基中央車站徒步約十五分鐘，交通便利，有很多人居住。做為當地地標的哈卡涅米市場是一棟紅磚建築，並於二〇一九年重新整修。和希耶塔拉赫蒂市場一樣，哈卡涅米市場前方也有一大片空地，自二〇一四年起，夏季每個周日都舉辦戶外跳蚤市集。由於任何人都能參與，十分自由，與該區充滿活力的氛圍不謀而合，路人無一不被吸引。市集裡不僅有日用品、手工藝品，還有古董等各種類型的東西。小孩子忙著挑選玩具，大人忙著找尋黑膠唱片或陶瓷藝品，人來人往，非常熱鬧。即便不逛，單純坐在旁邊的露天咖啡座觀察市集裡各式各樣物件和人群，同樣充滿了樂趣。

赫爾辛基市區每逢周日就變得很安靜，因為許多店家周日不營業，但若是天氣好、令人坐不住的夏日，周末戶外跳蚤市集就會讓空氣裡洋溢著一股雀躍。我們家曾在偶然間去了一次哈卡涅米跳蚤市集，悠閒地穿梭在攤販之間。一如我所預期的，孩子停在一

無論男女老少，所有人都能在哈卡涅米市場前方的戶外跳蚤市集找到樂趣。

個擺滿玩具汽車的攤販前看了好幾分鐘，最後找到了他最喜歡的紅色玩具汽車。

公園裡的跳蚤市集

錯綜複雜的城市裡，公園就像每個人都能使用的自家庭院，允許各式各樣的活動。據說曾有位詩人告訴設計師，紐約的曼哈頓若沒有現在的中央公園，幾年後就得蓋出相當於中央公園大小的精神病院，可見公園不僅是城市的重要資產，也是不可或缺的社會福利設施。[2]公園是避風港、桃花源，也是遊樂場與運動場，能夠根據每個人不同的需求，發揮不同的作用。雖然是公共空間，但人人都能在公園創造私人體驗。赫爾辛基目前共有一百多座公園，由市政府的城市環境部（The Urban Environment Division）負責管理。[3]

赫爾辛基的公園大多由綠地和碎石泥沙步道組成。其中，有些歷史悠久的公園裡有許多老樹，佇立在相同位置上的樹木走過無數年歲，讓人看了倍感溫馨；有些開放給所有人、未經雕琢的森林也算是公園的一種。赫爾辛基中央公園（Keskuspuisto）則是從中央車站朝北延伸十多公里的一大片綠地，蘊藏著繁茂的樹林，令人難以置信它就坐落在市區。寧靜的步道兩旁有芬蘭常見的雲杉、野花、野草和小溪。騎自行車的人也可以安全通行。公園裡特定的生態保護區是飛鼠和鳥類等多種動植物的棲息地。每年入秋後，森林裡長滿藍莓和草莓，落葉下的蕈菇也把握季節的剎那一個個冒出頭來。大自然隨著季節遞嬗，生機盎然地不停變化。置身當中，人們自然而然就學會如何尊重並享受大自然。

芬蘭法律保障所謂「每個人的權利」（Jokamiehen Oikeudet）。無論是長住芬蘭或短暫來訪，人人都有權享受這片土地上的大自然，

芬蘭的冬季長、降雪量多，滑雪因此是一項很大眾的冬季運動。每到冬季，公園步道的兩旁便會出現滑雪道。倘若踩踏上去或予以破壞，是非常無禮的行為。

理應有探索湖泊、森林、海洋等各種環境的自由。舉凡釣魚、游泳、採菇、露營，任何純粹享受大自然的行為都被允許——即便是在別人家門前（但威脅他人、破壞大自然的行為除外）。[4]從某個角度來看，這似乎不算多麼特別的規定，但是，芬蘭人特地藉由法律明確指出——在規範所有利害關係之前，都應該先尊重每個人享受大自然的權利，由此可見他們對待大自然的態度。

冬季，白雪覆蓋大地，原有的步道兩旁出現滑雪道，孩子們不再乘坐嬰兒車而改搭雪橇。夏季，步

道上不時出現散步或慢跑者，草地上則有人、鳥和狗兒自在地活動。凡是不損及他人或擾亂公共秩序的行為，都享有自由。在公園，最可以看出芬蘭人特有的休閒風格。

到了夏天，走在市區，經常看見公園裡正舉辦戶外跳蚤市集。賣家們沿著地勢起伏、陽光所及之處，自在地擺出地席或桌子，設攤販售。遠看公園整片草地就像五顏六色的拼布，形成一幀趣味又繽紛的風景。倘若附近正好在舉辦其他活動、有人潮湧入，經常會演變為當地社區的熱鬧慶典。

公園裡的跳蚤市集大多以民眾

在芬蘭，參加跳蚤市集是享受風和日麗的完美夏日的好辦法。

為主體，無須事先進行賣家登記，也不用支付攤位租金。通常在周末舉辦，避開多數人上班或上課的平日。夏日舒爽宜人，參與率很高。若想成為賣家，方法很簡單，只要整理想販售的物品、予以定價，在表定的公園和開市期間設攤販售即可。需要特別留意準備的，唯有用來填飽肚子的食物和找錢用的硬幣。

不少賣家會全家一起出動，販售家中整理後想出清的物品。只見父母帶著孩子在擺滿東西的攤位旁悠閒地吃便當、玩棋盤遊戲，一面放鬆、一面賣東西。也有些賣家是三五好友相聚，將各自的物品共同拿出來，邊販售邊在一旁的吊床或躺椅上晒日光浴、談笑風生，盡情享受和煦的午後。參加跳蚤市集是芬蘭人享受夏日的方法之一。

以普羅大眾為主體的跳蚤市集主要販售日常生活用品，每位路過的人都能一下子就融入並找到樂趣。光是觀察每個攤位上彷彿亂中有序的二手物件就很有趣了，倘若運氣又好，遇到品味相投的賣家，經常會被迷住而捨不得離開。小孩子往往停在年齡相仿的賣家攤位前尋找自己喜歡的玩具，父母則在一旁翻翻找找，看看是否有適合孩子的衣服。

達拉潘公園（Dallapénpuisto）是一座位於赫爾辛基東北方索奈寧區（Sörnäinen）的公園，距離中央車站約十五分鐘車程，坐落於紀念著名芬蘭詩人的阿萊克西斯基維街

（Aleksis kivin katu）盡頭，夏季每個周末都會舉辦跳蚤市集，經常充滿人潮。由於是民眾自發性的活動，沒有任何主辦或協辦單位，網站上只簡單公告「本市集每周末舉行（遇雨暫停）」。那附近住了很多年輕人，讓達拉潘公園的跳蚤市集散發著一股自由自在且充滿活力的氛圍。若想成為賣家，不用事先登記時間和攤位，自在隨興地參與，只要具備責任感就行。

位於赫爾辛基西區的拉平拉赫蒂公園（Lapinlahden puisto）每年夏天同樣定期舉辦跳蚤市集。公園裡長長的碎石泥沙步道兩旁，賣家們自在地坐在綠油油的草地上擺攤販售，大可一邊逛街一邊散步，十分有趣。不同於達拉潘公園，這裡的賣家多以家庭為單位，氛圍比較溫和平靜。

參加公園裡的跳蚤市集或許是享受芬蘭夏日的最佳方法。既能整理家裡、把不需要的東西拿出來賣並賺點錢，還能好好晒一晒睽違半年、難得一見的陽光，又能和家人或朋友相聚，共度美好時光。夏日午後，賣家和逛街的人統統沐浴在陽光、薰風和青草香氣中，用「浪漫」兩字形容，一點也不為過。

達拉潘公園如果擠滿了跳蚤市集的人潮，就代表夏天到了。跳蚤市集以民眾為主體，參加者只需具備基本的責任感和公民意識即可，沒有很高的門檻和繁瑣的規則。

拉平拉赫蒂公園每年夏天都有跳蚤市集。其中很多賣家是全家出動，攤位形態五花八門。

以民眾為主體、主要販售日用品的跳蚤市集是非常健康且全家大小都能參與的活動。

院子裡的跳蚤市集

赫爾辛基各區的建築風格不太一樣，這是因為每個區正式發展為住宅區的年分不盡相同，各自反映了當年的主流風格，有些屬於新藝術（Art Nouveau）風格，有些屬於北歐古典主義（Nordic Classicism）風格，有些屬於功能主義（Functionalism）風格。對於深諳西方各大建築風格的人而言，觀察起來想必樂趣極大。比起拆除舊建築再蓋新的，芬蘭人更傾向維護和整修，建築的外觀因此經常得以保留。

雖然為數不多，赫爾辛基仍有一些地區留有歷史悠久的木造建築，如普瓦利拉（Puu-Vallila）、普昆普拉（Puu-Kumpula）、普凱普拉（Puu-Käpylä）、范哈赫托涅米（Vanha Herttoniemi）、范哈奧倫屈萊（Vanha Oulunkylä）等地。[5]這些木造建築大部分是二十世紀初因為工廠快速增加、人口大量湧入，做為工人居所之用，通常擁有寬敞的院子並種植不同的樹木。後來，隨著可大量生產和組裝的混凝土建築工法問世，木造建築開始被視為「落伍的舊方法」而逐漸被淘汰，幸好仍有些木造建築社區挺過批判的風雨，保存原貌至今，現在也獲得國家保護。

走進那些社區，不禁感覺天空離自己更近一步。一棟棟房屋分別漆成橘紅、鵝黃、粉綠色，引人注目之餘，也讓人感覺像走進了童話故事書。由於市區很難找到寬敞的院落，社區整體氛圍又十分平靜和睦，不少人羨慕且希望入住這類木造住宅，尤其深受藝術家、作家、音樂家等創作工作者喜愛。

木造住宅的最大特點是院子。有的是獨戶住宅配一個院子，有的是好幾戶住在一起的連排住宅配一個院子，有的是好幾棟住宅共用一個院子。有時候，即便房子之間設有籬笆，中間也會開一道小門，以獨特的形式與隔壁相連。

古老木造住宅的社區居民每年都會在夏季的晴朗周末共同舉辦跳蚤市集。身為賣家的居民會開放自家院子，方便所有逛市集的人進

留存至今的木造住宅社區。

出。院子裡只見擺滿二手物品的地席和桌子，掛上二手衣的衣架，再加上一陣又一陣的咖啡香，統統不斷吸引著路人駐足。讓陌生人走進自家庭院，對我們韓國人而言真的是很難想像對吧！

因為是由在地居民舉辦，這類跳蚤市集感受得到濃濃的「家」的氛圍。印象很深刻的一次是住在瓦利拉（普瓦利拉所屬的地區，除了一部分是木造住宅區，其餘皆為一般混凝土建築）時，某日，丈夫和我帶著孩子，沒抱什麼期待，只是想參觀一下普瓦利拉居民舉辦的跳蚤市集，我卻深深地被活動吸引。

平常路過只能從低矮圍牆和樹叢上方隱約看見木造住宅的院子，跳蚤市集期間，院子全數對外開放，樹與樹之間擺滿了各式各樣生活用品。一棟棟住宅表面上看來像是各自被籬笆圈住，籬笆中間卻開了道小門讓人們自由穿梭於院子之間，盡情探索整個社區。偶爾還有居民可能因為無法把二手物品全數拿到院子裡，甚至連玄關門也對外敞開。人潮聚集處不可或缺的冰淇淋車和咖啡車則默默停駐在巷子內，逛到覺得無聊的孩子們在附近的遊樂場興奮地玩耍。那些有紅、有黃，如畫般的房子，院子裡年齡未知的大樹，以及敞開心胸歡迎路人前來參觀和購物的居民共同營造的整體氛圍，就像無比和睦的童話場面。

二〇一八年，普凱普拉的居民同樣在院子舉辦跳蚤市集。每到夏天，比木造住宅還老的樹木會變得枝葉繁茂，為房屋遮蔭。家家戶戶幾乎都種有芬蘭蘋果樹，因為果實的水分少，特別適合做果醬，也讓人開始期待秋天的到來。漆成紅色的房子沿著起伏的山坡分布，以家庭為單位的賣家紛紛在街道兩旁擺攤，同時享受溫暖的夏日。居民們對於能夠一起舉辦跳蚤市集似乎顯得非常興奮。光是看著這風景，就足以讓人感到幸福。

木造住宅社區的院子跳蚤市集隱含了對人的信任，再加上充滿和睦的田園氛圍，因此能散發出原本只存在於想像中的美麗情致。只要參觀過一次很快就能體會，當地居民對於自己的家和周遭環境有多麼自豪。

---

1 Vanha Kauppahalli, 'History', accessed 15 Mar 2019. 網址：vanhakauppahalli.fi/history。

2 韓成恩〈如果紐約沒有中央公園〉《OhmyNews》，二〇一八年七月十日網路報導。

3 vihreatsylit, accessed 30 Jun 2019. 網址：vihreatsylit.fi。

4 visitfinland, Everymans rights–the right to roam, accessed 10 Feb 2019. 網址：www.visitfinland.com/article/everymans-rights。

5 「Puu」的意思是「樹木」，「Vanha」的意思是「古老」。赫爾辛基的木造住宅大部分建於一九二〇年代。

普凱普拉居民在院子裡舉辦跳蚤市集時，人們可以自在出入對外開放的院子，享受自由的氛圍。

Kirppis

普瓦利拉居民舉辦跳蚤市集期間，自家院子和玄關都變成了商店。

過冬之法：室內跳蚤市集

廢棄建築空間的變身

對於熱愛觀光的外國遊客而言，赫爾辛基可能是一座略顯無趣的城市。但我在這裡住了幾年後了解到，有趣的事物其實都隱藏在小巷裡，並在享受一個個新奇發現的過程中，慢慢懂得如何從中獲得小小的滿足。每到冬季，芬蘭人紛紛躲進室內過冬，跳蚤市集也移師室內舉行。在赫爾辛基，冬季的休閒娛樂除了運動、咖啡和酒，可說室內跳蚤市集也是其中之一。

在赫爾辛基市區裡，失去原有功能、尚未發展出新用途而閒置的建築，比想像中還多。其中，老舊的火車維修基地或物流倉庫等大型建築最初興建時大多位於城市外圍，但隨著市區範圍逐年向外擴張，最後往往變成在市區內。這類建築廢棄之後，雖然用途變得模糊，但因大多位於交通便利處，容易抵達，經常蛻變為舉辦活動的場地。

屠宰場園區（Teurastamo）就是個很好的例子。從名稱可以看出，此地起初是赫爾辛基市立屠宰場，一九三三年落成，位在有許多食品工廠業者和港口設施的漁港區（Kalasatama）附近，由紅磚砌成的外觀令人印象深刻。一九九二年屠宰場熄燈後一度轉型為食品市場，後來當地展開大規模都市更新，赫爾辛基市政府計畫將當時逐漸抬頭的美食文化發展為長遠性的地區特色文化，歷經一番整修後於二〇一二年重新開張。如今，園區內有釀酒廠、冰淇淋店、義大利麵工廠等許多具創業精神的年輕公司及餐飲業者進駐，園區裡的鐘樓大廳（Kellohalli）則為各類文化活動提供了良好的場地，如地方特產市集、嬰幼兒用品特賣會、跳蚤市集等。原本腥味沖天的屠宰場園區，如今已是赫爾辛基最重要的文化空間之一，深受人們喜愛。

廢棄火車維修基地變身文化空間

某個周六，我跟著同學偶然造訪了位於阿比拉區（Alppila）的室內跳蚤市集。那裡原本是一座腹地寬廣、有許多大型紅磚建築、員工數一度多達兩千五百人的火車維修基地，後來因廢棄而失去了往日榮光。然而，隨著四周出現愈來愈多住宅與人口湧入，基地開始轉型為舉辦活動的空間。瓦爾特利（Valtteri）室內跳蚤市集便在那舉行。

我們搭乘電車抵達時，建築物前方已滿是人潮。雖然建築外觀平凡無奇，但眼看每個人幾乎都抱著一大堆戰利品，不難想像裡頭藏了許多有趣的事物。懷著既緊張又興奮的心情走進去，我看見整個會場被人群擠得水泄不通，瞬間大吃一驚。在赫爾辛基，若非遇上百貨公司周年慶，很難出現如此壯觀的人潮。即便室外寒風一陣又一陣，室內卻充滿了人們暖呼呼的熱氣以及乾燥的芬蘭罕見的溼氣。瓦爾特利跳蚤市集是赫爾辛基市民最喜愛的室內跳蚤市集，後來更名為「Konepaja Bruno」，每周日都會舉行。

約可容納六十多個攤位的寬闊空間內充滿了各式各樣的物品，種類多得數不盡。販售一般日用品的攤位之間穿插了一些專門販售相機、郵票、陶瓷、書籍等具收藏價值的古董，逛起來非常有趣。就像在其他市集一樣，如果有膽識、臉皮夠厚、懂得討價還價的話，就有機會在買賣過程中獲得更多樂趣。一般賣家或許比較不接受議價，但專業收藏家傾向於視之為理所當然。

建築物後方另有一個專門販售桌子、椅子、櫃子等大型物件的市集。我和丈夫在那裡用不到五歐元的價格買下一把一九七〇年生產的橘黃色立燈，非常開心。帶回家後，我們經常讚嘆自己撿到了便宜。如今，那盞燈依然屹立在我家客廳一隅。

另一個曾經的電車機廠園區也成功蛻變為文化空間——位於蝶略區（Töölö）、坐落在中央車站西南邊交通要道曼納海姆大道的「文化工場」（Korjaamo）。園區裡有一部分今日仍是電車四號線和十號線的車庫和修理基地，其他空間則蛻變為多功能活動會場，以及含電車博物館、表演廳、餐廳等設施的文化空間。室內跳蚤市集同樣是這裡會舉辦的活動之一。除了溫暖的夏季，每年十月到隔年四月，每周日都舉行。由於融合了當地社區井然有序的氛圍，以及過往做為電車維修廠散發出來的溫暖懷舊風情，頗受大家喜愛。只要支付二十二・五歐元就能預約攤位並成為賣家。在天候不佳、不適合戶外活動的日子裡，無論是賣家

Konepaja Bruno 跳蚤市集相關服務設施十分完善，提供給所有訪客使用。

每個月一次、於周日開市的鍋爐房跳蚤市集（Kattilahallin Kirppis）在已停止運作的發電廠鍋爐房內舉辦，可容納一百四十個攤位。

或逛街的人，這裡都是極佳去處。

「菲斯卡斯古董市集」

菲斯卡斯（Fiskars）是位於赫爾辛基西北方約一百公里處的小村莊，坐落在溪水潺潺、林木蓊鬱的山谷中，早在一六四九年就有煉鋼廠。如今煉鋼廠雖已不再運作，當地依然高度重視並尊重匠人精神和價值，以及紡織、木工、陶藝、玻璃工藝等手工技藝。二〇〇六年起，菲斯卡斯提供創作者一年短期住處的「菲斯卡斯藝術家駐村計畫」（Fiskars AiR）開始運作，每年都有木工職人、攝影師、作曲家、陶藝家、畫家等等，各領域、各國籍的創作者到訪。[1]

菲斯卡斯的中央空地經常舉辦跳蚤市集。由於當地的過往發展立基於手工業和製造業，陶瓷、玻璃、紡織等類別的物件因此在跳蚤市集裡占了多數。此外，每年七月舉辦的「菲斯卡斯古董市集」（Fiskars Antique Fair）由於名聲遠播且具代表性，芬蘭全國各地的古董交易商和店家幾乎都會參加，讓芬蘭和鄰近國家的古藝術品與設計品齊聚一堂。

我和家人曾經造訪菲斯卡斯古董市集。抵達時，空地已擺滿攤位，停車場也很快就停滿了。由於賣家來自芬蘭全國各地，市集裡出現了很多在赫爾辛基難以看見的物件，讓我們逛了很久。而當我們慎重再三，一面想著帳戶餘額、一面克制購物衝動，好不容易買下一個燈具，準備轉身離開時，一旁的工作人員竟悄聲說：「這裡是入口，再往樹林裡走才會抵達主會場唷！」

看見空地上有那麼多攤位和品質良好的物件，以及龐大的人潮，我們以為那就是古董市集的全部，聽了工作人員的提醒，驚訝不已，因為差點就要直接離開好不容易到訪卻還沒真正逛到的古董市集了。跟隨著朝向村莊某處移動的人群，我們沿著溪邊小徑，聽著清亮又沁人心脾的流水聲緩緩步行，終於看見了坐落於樹林之間，由舊倉庫整修而成的主要會場。

會場內有六十多間店家攤位，各自展示著珍稀物件以彰顯其專業性與多樣性。不僅有各類實用生活用品、小巧典雅的擺飾、家具、燈具，也有藝術家的畫作、雕刻，以及少見的著名設計師作品。

不久後，我發現赫爾辛基也有同樣的活動。赫爾辛基古董市集（Helsinki Antique Fair）在設有客輪碼頭的卡塔亞諾卡區（Katajanokka）老倉庫舉行，經常吸引許多遊客以及無法前往菲斯卡斯的人。我在某個周末上午抵達現場時，發現市集入口前方有人

在菲斯卡斯古董市集可深切感受當地人重視手工藝、設計與藝術的氛圍。

菲斯卡斯村。© Elisabeth Blomqvist

正在排隊，以便搶在一開市就入場，比別人早一步獲得購買機會。在芬蘭，除了熱門餐廳或知名夜店，實在很難看見排隊人潮。周末上午，芬蘭人竟會為了市集而排隊！全是因為每個二手物件都獨一無二，這才造就了如此盛景。雖然市集地點因位於市區，場地比較狹窄，只有室內沒有室外，但絲毫不減人們對於市集的熱誠和興趣。

親身走訪了菲斯卡斯和赫爾辛基的古董市集後，我發現要找到對古董有興趣的芬蘭年輕人並不困難。由於長期受到現代主義的影響，芬蘭設計品向來深受人們喜愛，很自然也吸引到了年輕一代的關注。再加上近幾年芬蘭設計品陸續在各大拍賣會創下最高價紀錄，愈來愈多年輕人開始以投資為目的關注芬蘭設計品。另一方面，芬蘭社會裡，商家和市集普遍相當歡迎以家庭為單位的客人，經常可見年輕孩子跟著父母、祖父母一起逛街，對那些年紀比他們更大的物品產生興趣。看著芬蘭人努力生產品質又好又耐用的物品，樂意投注時間和金錢、賦予其價值，再自然而然傳承給下一代，我不免感到羨慕。

---

1 Onoma, Fiskars AiR, acceded 4 Jul 2019. 網址：onoma.fi/fiskars-air。

鮑莉娜：「無意間的牢騷變成了全民運動」

慶典般的「清潔日」

每年五月和八月赫爾辛基都會舉辦「清潔日」（Siivouspäivä），鼓勵市民出售自己不需要的物品，宛如慶典似地將整座城市變成一個龐大的二手市集。你會看見市區裡到處都有人擺攤，在地席、桌子、衣架上陳列二手物品。原本熟悉的城市忽然變成大市集、換上陌生面貌，人人都迫不及待共襄盛舉，場面相當壯觀。

因為縮水而穿不了的衣服、孩子再也看不上眼的玩具、一時衝動買回家的裝飾品、櫥櫃裡一直用不上因此積灰的碗盤、幾乎不會拿出來聽的黑膠唱片……每個人家裡或多或少都有這種徒占空間、實際上用不到之物。雖然它們肯定占掉了很多空間，但我們總會反覆催眠自己「總有一天用得上」而一再保留。然而，若自己用不上但別人用得到的話，讓給別人，不是更好嗎？「清潔日」就是為了將這種在生活中你我都可能遇到的問題昇華的愉快慶典，因而獲得熱烈迴響。

參與「清潔日」的方法相當簡單。只要在活動當天於自行選定的地點，陳列想販售的二手物即可。若想更積極點，可在官方網站事先登記欲販售的二手物和擺攤位置，進行宣傳。這些資訊將以網路地圖的方式標示，方便所有想積極參與活動的買家。若想尋找特定物品，也可以事先在網站上搜尋、找到有賣該類物品的賣家，直接前往攤位，省下時間和精力。

除了未經允許的私人土地，所有公園、空地、巷子與自家，都可以是擺攤地點。若想吸引更多人潮，可以和鄰居一起在街上或公園擺攤，形成集市。比起獨自在人煙稀少的地方擺攤銷售，和其他賣家聚在一起自然更有利。如此一來，不僅能更愉快地享受「清潔日」，鄰居之間也能增進感情。長遠而言，對於社區凝聚也會產生正面影響。

業餘賣家的從容

各種年齡層聚在一起享受活動，可說是「清潔日」最大的特點。「清潔日」會在周末舉行，不用具備特定知識，人人都能參加，並且盡情使用城市裡的空間。推著嬰兒車的年輕夫妻、帶孩子出門玩的父母、成群結伴的青少年、獨自購物的中年人、喜歡走在人群裡的老夫婦……每個人都用自己的方式、基於不同目的，在「清潔日」當天共襄盛舉。

擺攤的人同樣相當多元——全家出動、朋友一起、情侶結伴，以及來自世界各地的移民和留學生。有的人將二手物陳列在桌子上，有的人直接擺上地席。看著各式各樣的二手物，時間不知不覺就飛走了。年輕夫妻抱著順便打掃家裡的心情，將用不到的餐具、碗盤等各類廚房用品，以及相框、花盆、燈具等家居品拿出來賣；中年夫婦將足以稱為古董的銀製餐具、玻璃品、褪色的古書、舊地圖等別具價

「清潔日」盛況。© Yhteismaa，拍攝者 Venla Helenius

值的老物件拿出來割愛。每當看見小孩子把自己小時候用過的玩具和書拿出來，我便忍不住為他們感到驕傲。

「清潔日」還有另一大特色：賣家不僅可以販售有形的物品，也可以販售無形的技術或服務。例如，搭建戶外工作室、替人修理自行車，或用縫紉機幫人修改衣服。也有人將家中餐桌和餐椅搬到戶外，發揮好手藝，販售現烤麵包、派、鬆餅和咖啡等，開起一間小咖啡館，甚至有年輕人販賣現榨果汁。

除了專事銷售的公司行號不能參加「清潔日」，沒有其他特殊限制，任何職業的人士都可以在「清潔日」當天成為二手物賣家。或許因為賣家都是業餘人士，對於買賣不是很熟練，「清潔日」反而有種從容的氛圍。而且，由於是在漫長的冬天和微涼的春天已經遠去、日照時間明顯增加的五月底，以及夏天離去之前最後可以享受陽光的八月舉行的戶外活動，不少賣家帶著躺椅和助晒霜，打算一邊擺攤一邊好好享受一整天陽光。我想對他們而言，比起販售二手物，更重要的或許是在戶外享受陽光、聽音樂，和家人或朋友共度周末時光。看似毫無秩序、隨意擺攤的賣家，以及自由穿梭於攤位之間閒逛的買家，共同造就了「清潔日」特有的風景。

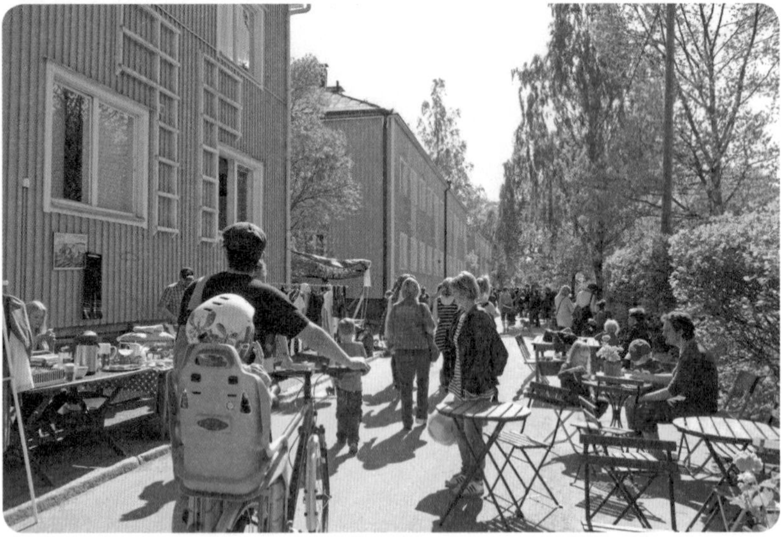

人們也可以在「清潔日」販售無形的技術或服務，比如修理自行車或修改衣服，吸引更多不同年齡層的人前來共襄盛舉。

社群媒體的力量

「清潔日」是由長期從事各類公民活動企畫的鮑莉娜．塞帕拉（Pauliina Seppälä）及五名志同道合的夥伴所共同籌辦。我第一次見到鮑莉娜約莫是在五年前阿爾托大學針對前一年「清潔日」活動的改善方案研討會上。當天有許多學科的學生聚在一起交流想法和意見，年輕人似乎對「清潔日」這新奇又大膽的活動深感興趣。我記得在歷時約兩小時的研討會中，與會者針對「為了讓活動更具說服力和持續性，可以怎麼做」展開了熱烈討論，並拋出許多可供思考的方向——在不斷變化的市場中已開始自然而然融入人們日常生活的共享經濟、公民和政府的角色，以及城市的意義等。

做為一個由公民主動發起且憑藉少量平台資源就大獲成功的活動，「清潔日」具有很大的意義。博得眾人的認同、成功舉辦「清潔日」的人，腦中究竟懷著什麼樣的想法，我實在相當好奇，「清潔日」本身也給了我非常多樂趣。我決定前往鮑莉娜的辦公室，邀請她接受採訪。過去幾年鮑莉娜經常現身各大媒體報導，使我對她產生了敬畏，見到她時不知不覺緊張起來。不過她為人豪爽又隨和，我們很快就輕鬆開啟了對話。

「我大學主修經濟學和社會學，之後當了一陣子記者。可是我太想從事創作了，所以又去念了藝術學校。我對於社會現象和很多領域一直很感興趣。後來，社群媒體剛好崛起，馬上就吸引了我的關注。」

鮑莉娜表示，大約十年前開始以驚人速度擴散至全球各地且逐漸盛行的社群媒體，對她而言是一種非常新鮮的刺激。她觀察到人們會透過社群媒體，非常立即且毫無保留地發表與交換意見，也讓她注意到其中所隱藏的變化的可能性。

她一邊回憶「清潔日」如何開始，一邊向我娓娓道來。

「我記得是二〇〇九年左右，差不多十年前。當時，歐洲各地開始煩惱難民問題，芬蘭國內也出現對立的兩派——一派擔心難民被歧視，另一派嚴重歧視難民。某天晚

鮑莉娜。© Vesa Laitinen

上，我的孩子和社區裡其他孩子一起在足球場上踢球，球場另一邊也有一群孩子正在踢球。那球場原本就不大，硬是被分成兩半，兩群人各自踢球，所有人都覺得有點尷尬，不知如何是好。後來，有人勇敢地打破沉默，雙方便一起踢球了。我之前就聽說社區裡設立了難民庇護所，那天回家後才知道，那群小孩就是難民。」

當天晚上鮑莉娜便創立了臉書社團「普納沃里區難民支持團體」（Refugee Hospitality Club Punavuori），協助落腳在社區裡的難民順利融入當地。不久後，愈來愈多志同道合的居民加入，團體規模擴大，成為活躍的交流場域。

那年冬天赫爾辛基不幸遭逢嚴重雪災，停在路邊的車輛幾乎被大雪淹沒，鮑莉娜便提議社團成員一起到街上除雪。隔天早上，她相當驚訝地發現，上街除雪的人除了她，其他都是移民。而且，得知當天活動而前來採訪的各家媒體記者和攝影機數量，甚至多過於真正來除雪的人。那天的事件讓鮑莉娜開始相信，即便沒有企業、政府或預算支持，單單憑藉一般民眾的自主行動，同樣能帶來正面改變，而且在那樣的過程中，社群媒體具有非常大的潛力。

消極的政府，積極的市民

有天，鮑莉娜偶然在社群媒體表示，她對於該如何處理家中實際上用不太到的物品頗為煩惱。沒想到這段話引起了許多人共鳴，並迅速傳播開來，接著就在眾人紛紛推動下，逐漸發展為一個正經八百的二手物交易活動。

「貼文的迴響那麼熱烈讓我嚇了一跳。我只是無意間發了點牢騷，沒想到不知不覺演變成一個正式活動。我一心想著，得趕快讓活動順利舉行。由於活動的企畫過程都記錄在臉書上了，我不需要額外花心力宣傳，只要盡快在大家的熱情和興趣消退前舉辦活動，同時開設可信的官方網站。企畫過程中，我參考了荷蘭和英國一些一直在進行、頗為自由的二手物交易活動。我想做的是建立一個有條理又簡單易懂的模式，讓所有人都能樂在其中。」

鮑莉娜彙集所有關於活動的意見之後，正式向赫爾辛基市政府申請活動許可。市政府卻斬釘截鐵拒絕了。負責管理公共設施和維持公共場所秩序的公共事務局（Rakennusvirasto）不輕易允許舉辦一個會讓大量的人在公共場所買賣物品的活動，畢竟活動期間各種意外都可能發生，公共設施和秩序也可能遭到破壞。消息傳開後，對此失望的人開始發動請願，人數甚至多到政府不知如何處理才好。但即便如此，依然沒有獲得許可的跡象。後來，另一個公民活動「餐館日」（Ravintolapäivä）[1]發起人蒂莫·桑塔拉（Timo Santala）向苦惱中的鮑莉娜建議，既然活動期間人們在公共場所買賣二手物的行為並不是永久性的，那就不一定非得徵得市政府許可。「餐館日」每年舉辦四次，活動當天，每個人都可以開設自己的一日餐館，盡情發揮平時隱藏起來的料理實力。有的人會在公園開設小型咖啡館，有的人會在家裡開預約制西餐廳。只要不是在開業的餐廳裡，誰都可以開設一日餐館。

聽了蒂莫基於實際面的建議，鮑莉娜和夥伴決定直接推行活動。在市政府消極的態度下，「清潔日」正式展開。隨著活動的表定時間一到，市民們就像期待已久般湧上街頭、公園，整座城市充滿了前所未有的生氣和活力。由於參與者普遍具有高度公民意識，活動從頭到尾都非常整潔且井然有序，並未出現市政府先前擔心的狀況。每個人都以自己的方式好好享受了「清潔日」，而且收拾得乾乾淨淨，主辦方也提供了回收服務，讓賣家不用再費力將沒賣出的二手物帶回家，而是可以直接捐出去。由於與會者表現得相當成熟，活動成功落幕，市政府後來也正式給予批准。

「說實話，市政府其實一直都不看好『清潔日』。但民眾對於活動的高度熱誠和關注成了『清潔日』的最大原動力，讓活動成功舉行，而且成長到市政府無法忽視的規模。好笑的是，市政府雖不樂見，旅遊局卻相當積極宣傳『清潔日』是赫爾辛基具代表性的活動。是不是很有趣？」

鮑莉娜說，她並非不能理解市政府為何採取這種不上不下、令人困惑的態度，以及他們的擔心。但她認為，市政府仍然應該盡快接受並承認，民眾事實上比他們所想的更加成熟且有所準備。

「政府或企業通常會投入很多預算，歷經長時間的繁複程序來推動專案。可是，一般民眾即便沒有預算或複雜的程序，平時

「清潔日」當天，整個城市出現全然不同的風貌。
© Yhteismaa，拍攝者 Venla Helenius。

就已經在為了提高自己的生活品質而進行各式各樣的嘗試，有熱誠、有意志，也有知識。我認為今後政府應該採取信任市民，而且願意和市民合作的態度。我們一起拋出了『清潔日』的課題給市政府，讓市政府有機會思考以前未曾想像過的『未來政府的角色和面貌』應該是什麼樣子。為了打造更美好的未來，我想這是必經的過程。」

儉樸、謙遜，以及個人主義

聊「清潔日」的過程中，我突然很好奇鮑莉娜怎麼想芬蘭的二手物品文化。她說，二手物品文化深深融入了芬蘭人的生活，若要探究其根源，必須追溯到很久以前。

「在芬蘭，二手物品文化是非常自然且生活化的。我想這背後應該存在很多原因，其中影響最大的，可能是因為路德教派認為消費和打扮是一種罪。」

芬蘭和其他鄰近北歐國家一樣，強調儉樸和謙遜美德的路德教派具有相當於國教的地位。雖然多數城市居民除了聖誕節和受洗儀式不常踏入教堂，非城市居民對於宗教的依賴度比較高，但鮑莉娜認為，即便是沒有宗教信仰的人，也會被「應當節制消費，不炫耀自己所擁有的」這種芬蘭社會傳統觀念影響。相較於購買新品，購買二手物比較不會招致反感。

「除此之外，芬蘭和瑞典、挪威、丹麥等國一樣，都是實施高稅率和公平分配的『北歐模式』（Nordic Model），人與人之間的經濟差距相對小，二手物品文化比較不會受到排斥，能夠被社會上大多數人所接受。」

另一方面，強調個人自由和個性的「個人主義」，其影響力同樣不容小覷。鮑莉娜說，若有某個東西突然大量流行起來，她絕對不會想跟隨，反而喜歡時不時到二手商店找找有什麼自己預料不到的有趣物件。她笑著說，每次想像自己明天究竟會穿什麼衣服上班就覺得很有趣。

「芬蘭不是很冷嗎？如果是溫暖的義大利或西班牙，大家肯定經常躺在公園的長椅或草坪上。可是芬蘭的天氣太冷了，我們不可能在戶外待很久。如果要進去咖啡廳，那就不得不花錢。如果不想花錢，就得找可以毫無壓力走進去，而且能夠消磨時間的場所。二手商店就是最適合的場所。」

複製到其他國家

「清潔日」雖然只有一天，整座城市卻完全變成另一種空間。人們大可暫時忘卻自己一直以來的模樣，變成不一樣的人。不僅有機會和多年來一直生活在同一區的鄰居好好說話，也可以和已經在超市裡碰過好幾次卻從未打招呼的人好好聊天。現代城市就像一道已經由前人建好、堅不可摧的古城牆，每個人只能在現有的夾縫中尋求自己的空間，否則似乎就沒有其他事可做了。但是，被擋在牆後方的人其實比想像中還多，也有很多人懷著類似的煩惱。如果可以舉辦「清潔日」，我們將發現，自家門前那條已經來回無數次的小巷，其實寬得就算兩側擺了桌子做攤位依然通行無阻；或者，隔壁社區那塊看來無比荒

「清潔日」讓人可以用一種很特別的方式享受城市生活，並且刺激人們思考市民的權利，以及城市的義務、責任和未來。
© Yhteismaa，拍攝者 Venla Helenius

涼的空地也可以充滿生機。「清潔日」能讓每個人都成為城市的主人，讓你我都擁有為當地社會帶來正面改變的自信、歸屬感和親密感，甚至主動思考和提出發想，使城市變得更豐富多彩。

鮑莉娜有感而發地指出，舉辦「清潔日」之後，人們明顯比以往更懂得積極利用和享受城市空間，似乎讓原本僵硬的市區風景柔和了不少。現代城市擴張的同時，由於人口增加，政府為了維持秩序，經常強調市民應該擔負的責任和義務，但市民應當享有的權利卻很容易因此被遺忘。市民並不是純粹占據城市某個角落的小小生命而已，也可以做為社會的一分子，主動思考及行動，打造出一個更好的城市，更不應該忽視自己擁有享受城市空間的權利，因為那直接關係到生活品質的好壞。提供相對應的服務是城市的義務和責任所在。「清潔日」的活動將刺激我們深入思考——做為城市裡的居民，除了義務，還有什麼權利是你我應當享有的？

「『清潔日』在其他國家也舉辦過。經常有人聯繫我們，說他們也想在自己的城市舉辦一樣的活動。我們當初企畫時就考慮過讓活動在任何地方都可以進行，所以會盡可能提供最多資訊做為協助。可是，不像在赫爾辛基是持續性的活動，其他地方的『清潔日』經常只舉辦一次就沒有下次了。畢竟每個國家、每個城市的環境和民情都不一樣，可能各有各的難處。但我還是覺得有點可惜。」

鮑莉娜希望人們參與「清潔日」的同時，也可以重新審視「消費」和「環境」。雖然純粹享受活動的過程很重要，但她同樣希望每個人透過親自買賣二手物的過程，回顧自己的生活方式和消費模式。倘若其中出現問題，可以試著思考該如何在現實生活中做出改變、予以導正。與此同時，鮑莉娜和夥伴們正在研議如何規劃一個所有人都能輕鬆參與的教育課程。

「『清潔日』目前每年舉辦兩次。雖然活動那兩天很有意義，但我們希望沒舉辦『清潔日』的另外三百六十三天裡，大家也能保有相同的意識和作為。我們希望以後有更多人將這樣的做法自然而然融入每天的生活中。為此，『清潔日』不該安於現狀，應該繼續進化。我們正在規劃不受天氣影響、室內也能進行的活動。雖然試行過幾次，但參與率並不高，可能因為不是在好天氣的夏日集結所有市民一同參與的戶外活動，所以就沒那麼吸引人。不過為了讓活動更有延續性，我們會繼續腦力激盪和多方嘗試。」

「清潔日」誕生於許多希望社會變得更好的人的苦惱、熱誠和希冀之中，相信未來也會繼續做為一個重要的場域，快速反映公民社會的變化，讓人們自由地交流彼此的煩惱和想法，提出疑問，以及共同追尋所有可能的成熟解方。

1 二〇一一年五月，「餐館日」首度在赫爾辛基舉行。這項源於芬蘭的活動如今已傳播至全球三十多個國家，唯有開業中的餐廳不能參與。「餐館日」讓人用一種很特別的方式享受城市生活，因此獲得熱烈迴響。

第七章

享受二手物品文化的芬蘭人

梅麗莎：「現代服裝產業不健康的生態令人失望」

回收再利用的典範

關注芬蘭二手物品文化讓我對徜徉其中的人也開始產生好奇。每次去二手商店，除了各式各樣物件，也會遇見各形各色的人——選購家具的中年叔叔或阿姨、戴著耳機挑選衣服的學生、尋找 Arabia 或 Marimekko 老物件的觀光客、跟著父母一起來坐在地上玩玩具的孩子……每個人都帶著自己的目的前來，並在店裡各取所需。除了平時就和我有共同關注的事、知道我想聽些什麼的朋友，我也想聽聽素未謀面的陌生人和二手物品文化之間的故事，總覺得他們有我所不知的有趣插曲。我一度考慮在二手商店裡直接向結帳後準備離開的人搭話，可又不想對木訥、容易害羞的芬蘭人造成困擾。正思索著方法時，經由卡利歐二手商店主理人亞達的介紹，我找到了一位樂意向我分享她與二手物品故事的人。

秋季某個周末，在剛下過雨、樹木散發陣陣香氣的奧倫屈萊，我在火車站月台上見到了欣然答應接受採訪的梅麗莎（Melissa）。我們走到附近的購物中心一樓咖啡廳，坐下來看著店外挑高玻璃迴廊裡來來去去的人們，聽梅麗莎說起了自己的故事。

「我媽媽和外婆的手很巧、經常自己做衣服，我小時候就跟她們學了針線活。長大後，我同樣喜歡做衣服。我非常喜歡在外面翻滾跑跳，娃娃那種玩具不太吸引我，但我很愛幫娃娃做衣服、讓它們穿，所以很自然決定要成為服裝設計師，畢業後也進了一間很大的快時尚品牌公司。」

然而，現代服裝產業不斷重複「快速生產、隨意丟棄」的模式形成了不健康的生態，梅麗莎開始感到失望，並對這之中遭到忽略的「人類與環境的未來」感到擔憂。成堆的布料和新衣服再也無法為她帶來靈感和啟發，而是變成「人類和大自然面臨的難題」。看著這個物質早已過度氾濫的世界，人人卻依然像機器一樣只顧著不停生產新東西，梅麗莎意識到，那個曾被她視為天職的職業，如今已成了種折磨。

「我記得小時候沒什麼玩具，我經常在草地和山上跑來跑去。那時候真的很自由、很盡情地享受大自然，現在卻不可能做到了，想來就非常傷心。可能那段回憶對我來說太美、太珍貴，在現代服裝產業工作這件事才更讓我難受吧。」

不久後，梅麗莎不幸遇上健康問題，不得不辭掉工作。為了消解過去那段時間累積的壓力和煩悶，她突然買了很多低價的新衣服，暫時將前幾個月對自身職業的懷疑像謊言般拋諸腦後。終於康復後，為了替自己充電，梅麗莎拜訪了曾祖父的故鄉，波蘭的克拉科夫（Kraków），在那裡偶然發現了被回收再利用的二手布料。

「去克拉科夫幫自己充電時，我在跳蚤市集看到有人在賣二手布料。那一瞬間，我突然想起經常在家自己做衣服的外婆和媽媽，那種感覺就像找回了遺失已久的快樂。我甚至問自己：之前怎麼忘了那份快樂呢？看到那些二手布料，我終於知道自己回赫爾辛基之後要做什麼。」

回到赫爾辛基後，梅麗莎開始光顧二手商店和回收再利用中心，買下各類二手衣和織物，再做成新東西並分享到部落格上。她把自己購買二手衣物，透過修補或組合製成新衣的過程與結果，統統寫進了部落格，讓每個人都能跟著做，或者獲得靈感。梅麗莎希望透過實例讓大家知道，那些被認為「過時」而隨意遭到丟棄的物品，依然具有多大的價值，以及還能如何活用。

梅麗莎後來得知，回收再利用中心不知從何時起開始追蹤她的部落格。他們希望找到能做為回收再利用典範的部落客，持續利用二手布料創作的梅麗莎正好符合。為了幫助梅麗莎的創作更加活躍，回收再利用中心不僅協助提供布料，有時還會和她一起討論回收再利用中心日後的計畫。

一開始會害怕被人嘲笑和貼標籤

和我採訪過的人一樣，梅麗莎同樣認為芬蘭的二手物品文化興盛於一九九〇年代。她回憶道，在她度過童年的一九七〇年代，芬蘭尚未出現二手物品文化。雖然家族和親戚之間會互通有無，但當時並未發展為買賣。

「我小時候住的社區有救世軍經營的二手商店，可是裡面暗暗的還有股臭味，又只賣非常舊的東西，大家都不太光顧，包括我自己。」

隨著芬蘭人終於迎來經濟快速成長的美好，他們也開始害怕被貼上「會買別人用過物品」的窮人標籤。梅麗莎說，小時候因為害怕被朋友看見自己穿二手衣，害怕走進二手商店會被嘲笑，她絕不靠近二手商店；然而，如今回想外婆和媽媽用二手布料做了那麼多衣服，實在相當後悔自己當時為何那麼沒有勇氣。不過，那時的梅麗莎畢竟才十多歲，正處於敏感多愁的青春期，她內心感受到的恐懼肯定比現在所想的還多吧！

一九九〇年起，芬蘭面臨嚴重金融危機，導致人民的生活深受打擊。梅麗莎平靜地回顧，雖然那段時間對所有人而言都是一段相當痛苦的記憶，但同時，很多機會的大門也因此被打開——許多地方開始出現交易二手物品的跳蚤市集，梅麗莎也首度嘗試成為賣家，出售自己的二手物。後來，金融危機在一九九三年正式畫下句點，但這段期間萌芽的二手物品文化並未消失，繼續發展成一種強勁的文化。

其來有自的堅持和信念

過去五年，梅麗莎不斷將二手衣物和布料回收再利用，做成衣服。除了本身就喜歡做這件事，她也希望藉此為大家提供良好示範。梅麗莎每周至少會去一次回收再利用中心，物色適合材料。

梅麗莎有幾個重要原則。首先，她做的衣服通常是自己要用的。若不是自己要用的，她會無償提供給需要的人或捐給二手商店。她認為一定有人會需要那些物品，不希望因為自己做的事而得到任何回報。

再來，梅麗莎盡可能不買新東西。她大多數生活用品都購自二手商店，衣服也大多是從二手商店買回來再修補。若不得不買電子產品，她會從曾被退貨、轉而低價出售的商品中挑選。事實上，遵守這些原則並沒有想像中容易，畢竟要找到外觀或功能合乎自己心意的二手物品需要相當大的耐心。幸好，梅麗莎的丈夫和兩個孩子同樣喜歡二手物，才有辦法積極配合她如此硬派的生活方式。

「這幾年芬蘭的二手物品文化愈來愈盛行。我愈來愈常看到二手男裝，也有愈來愈多男性到自助寄賣二手商店或跳蚤市集當賣家，甚至開始出現二手男裝專賣店。每次和丈夫一起出門逛二手商店，我都感覺他比上一次更興奮。孩子們也會在我去逛二手商店前，拜託我特別留意是否有他們喜歡品牌的二手物，有的話，千萬不能忘記幫他們買。」

梅麗莎最在乎的非「環境」莫屬。地球上的人口不斷增加，為了讓人人吃飽、穿暖，大量能源被投入現行的生產模式，然而，其中卻有很多被浪費掉，極缺乏效率。舉例來說，為了大量生產食用牛肉，首先得大量種植人類自己也能吃的農作物，再把它們餵給牛，如此缺乏效率的生產模式極為不合理地仍在運作；為了大量生產需要經過化學藥品加工的布料，企業往往選擇在環境管制相對較鬆的異地設廠，陷當地居民於罹病風險中。梅麗莎強力指出，未來的世代將面臨所有這些重擔。為了他們，我們必須做出改變。而為了做出改變，每個人必須願意一同思考和成長。

梅麗莎目前任教於社區青年活動中心（youth center），教導人們如何回收再利用

梅麗莎穿著她最喜歡的衣服。不用說，當然是從二手商店買回來再經過修補的。© Melissa Laitakari

梅麗莎為兒子做的牛仔褲。
© Melissa Laitakari

與修繕、做垃圾分類。她希望有朝一日能開設自己的工作室，和更多人接觸、交流，並傳授製作、修補、活用衣服的方法，讓「修繕」也變成大眾文化的一環。

如今依然有許多人未徹底發揮物品的價值就將之丟棄、再買新的，周而復始。梅麗莎一再為此深感氣憤、疲憊，然後又是氣憤。但，每當看見大眾對於二手物品文化的認知有所改變，年輕的一代愈來愈積極參與，她又會找回希望。我想，梅麗莎堅持的生活方式之所以變得比以往更加沉重，或許是因為關於環境污染和氣候變遷的新聞報導頻率增加，梅麗莎認為自己只是不停地擔心，生活方式卻遲遲沒有調整。聽著梅麗莎的故事，感受得到她一直以來多麼苦惱、多麼迫切地想解決問題。我們究竟有多願意改變自己，以及努力解決我們捲入的難題呢？

黑麗：「我想重拾童年那份溫暖」

用二手物件創造風格

我在春季緩緩降臨的四月天前往艾斯波市拜訪黑麗（Heli）。充滿五顏六色田園風格木屋的社區裡，黑麗的家獨樹一格，是棟顯眼的白色混凝土建築，外觀與其說很現代，不如說簡樸淡雅，毫無違和地融入四周的風景。我按了按黑色鐵門上的白色門鈴，已見過面的黑麗笑著走出來迎接我。

去年冬天我們在赫爾辛基見過一次，當時黑麗發現剛買下的屋子出現先前沒預料到的問題，不得不進行額外整修。那陣子她每天都忙得不可開交，掩不住臉上的疲憊，如今所有工程都已結束，屋裡屋外全整理得乾乾淨淨。黑麗神采奕奕地帶我參觀各個角落，自豪地介紹。

黑麗和丈夫以及兩個孩子一起住在這棟由白牆和木頭地板構成溫暖氛圍的雙層住

宅裡。屋子雖不大卻有美麗的白牆、大片玻璃窗，以及大小適中的庭院，對他們一家四口而言似乎無可挑剔。踏進整幢屋子裡位置最好的個人工作室時，我立刻注意到那片大得相當於一整面牆的木框玻璃窗，以及紋路彷若拼布的木頭地板。黑麗自豪地說，房子內部依然維持著一九七〇年剛建好時的樣式。雖然整修時為了去除窗框的陳年污垢與拋光費了很大一番心力，但結果證明，這裡確實是一個值得她付出心力維護的美麗空間。

「我喜歡在一般的二手物件裡尋找樂趣。比起知名設計師的作

黑麗和她的個人工作室。

品，我覺得來源和設計者不詳的日常物件更有趣。我習慣從物件的形態、顏色和材質下手，找出它的價值和意義。如果把不同的物件放在一起並意外形成和諧感，總會讓我獲得靈感。」

黑麗是廣告、電影、雜誌的風格設計師。空閒時，她喜歡去二手商店尋找能夠吸引自己的小物件，並習慣將蒐集到的物件用照片記錄下來。

黑麗替物件拍照的習慣源自二〇一六年接下房屋仲介網站 Oikotie 的委託案。不同於之前接到的案子，她被允許極高的自由度和主導性，因此可以盡情嘗試之前想做的主題，是一次很好的機會。最後黑麗利用先前從二手商店蒐集到的物件完成拍攝，獲得了極佳成果。自此以後，她便持續以相同的方式拍照記錄。

「我常逛 Fida 和回收再利用中心，那裡有很多日常生活物件，而且都被整理得好好的。我尤其喜歡逛回收再利用中心裡面專門放置可免費拿走的二手物櫃位，那裡的東西大多很難看出原始用途，我卻反而更能專注觀察它的形態和材質，更能自然地將它和其他物件進行有創意的組合。每次替最後的成果拍照時，我都會覺得自己好像為那些老物件注入了新生命，內心非常滿足。」

奶奶傳承下來的遺產

黑麗定居於艾斯波市隸屬的赫爾辛基都會區之前，住在北方的奧盧（Oulu）市。和其他芬蘭人說的一樣，她還小時，芬蘭的二手物品文化並不盛行。

「我小時候不存在所謂的『二手物品文化』，那是從某個時候開始自然而然形成的。我記得我是在一九九〇年聽到奧盧即將舉辦第一回跳蚤市集的消息，說所有市民都可以參加。雖然我在那之前就聽過『跳蚤市集』，知道那是什麼活動，但從沒真正逛過，也沒在那裡賣過東西。我非常好奇，很想一探究竟，就找朋友一起湊了些二手物，鼓起勇氣去擺攤。當時，規模那麼大且人人都能參加的跳蚤市集，對所有人而言都是第一次，無論賣家或買家，每個人都有點害羞。雖然我有朋友一起擺攤，但只要客人一靠近，我們就害羞得不知道該怎麼辦，客人同樣害羞得不得了。不過那天每個人都非常樂在其中。後來，跳蚤市集的規模很快就擴大了，變成固定舉辦的活動。」

黑麗表示，在她的記憶中，一九九〇年芬蘭爆發金融危機以前，二手物品文化根本不怎麼盛行。然而，原本陌生的二手物品文化不知不覺融入了她的生活，如今更變成她工作中相當重要的一部分。

「一九九五年大學畢業後，我南漂到赫爾辛基都會區定居。那時赫爾辛基中央車站對面有一棟現已不存的大型紅磚建築，原本是鐵道倉庫，後來因為失去用途而被閒置，但夏季每個周末都會舉辦倉庫（Makasiini）跳蚤市集，所有市民都可以當賣家，我每個周末都會去逛逛。在主要由一般民眾而非商家擺攤的市集裡，經常可以看到非常神奇的人和物件，我又很喜歡認識新朋友、聽故事，那裡對我而言實在是夢寐以求！既能觀察各式各樣的人，還可以蒐集各種可愛的物件，好玩得不得了！」

被黑麗當作燈罩的木片編織籃是芬蘭的傳統工藝品「Pärekori」。中間的人頭雕像是她學生時期獲頒的獎項「Hymytyttö」，用來表彰對同儕帶來良好影響的學生。© Heli Ilkka

黑麗說她媽媽很喜歡蒐集有年代的碗盤和玻璃製品，耳濡目染之下，她從小就開始蒐集喜歡的物件，而最吸引她的是有歷史的玩具。直到現在，每次逛二手商店和跳蚤市集，她依然習慣先尋找這類物件、挖掘背後隱藏的故事。買回家之後，除了妝點空間，她也會用照片記錄下來。從玩具出發的收藏習慣不僅持續至今，還變成了黑麗的工作內容。

黑麗表示，雖然可以說是一種純粹的愛好，但仔細想來，這樣的思維和行為似乎也

黃色抽屜上方的小小鐵製機器人是黑麗最喜歡的小玩意。旁邊畫有馬匹和草莓等圖案的立方體是 Marimekko 以前推出的收納櫃「Palaset」。
© Heli Ilkka

受到奶奶影響。

「現在回想起來，我奶奶早在一九七〇年代就非常關注二手物品。她經常談論自然環境、物品的回收再利用、資源節約等議題，而且盡可能不買新衣服、不使用塑膠袋，以真正實踐理念。因為在當年實在太前衛，周圍沒什麼人表示贊同，也被不少人看不順眼，不過我們家的人好像都從奶奶那裡受到很大的影響。」

黑麗說，她尤其著迷於木頭製的老物件。

「一九六〇、七〇年代的芬蘭經常見到一般的勞動階級家庭從事家庭手工業以補貼收入。紡織、陶瓷、木工，都是相當尋常的家庭活動，而且幾乎每一戶人家都有織布機，這之中又以木工似乎最能體現芬蘭人的生活特色。那些知名芬蘭設計品牌直到現在都廣受芬蘭本國人喜愛，原因可能也在這裡。不管哪個年代，芬蘭的設計品都含有芬蘭人特有的感性。我自己也從小就看了非常多芬蘭人普遍會在家裡做的木工製品和織物。我喜歡到處尋找老物件，或許就是因為想重拾童年那份溫暖吧！」

電影布景道具也能包辦

黑麗最近正忙著設計電影布景。電影名叫《完美的聖誕節》（*Täydellinen Joulu*），於二〇一九年十一月上映，講述聖誕節期間主角的家族在奶奶家發生的喜劇，網羅了許多著名芬蘭演員，早在製作拍攝階段就備受矚目。

電影的主要場景是奶奶家，因此得用上許多有年代感、溫暖懷舊，又具備真實感的道具——黑麗長久蒐集的日常生活物件於是獲得了發光發亮的機會。孩子小時候住過的房間裡頭的物品、充滿往日風情的客廳家具和裝飾品、家族節日聚餐的料理用具和餐具，每個場景都需要大量既日常又能營造歡樂氣氛的物件。看起來不能虛假、必須顯得自然又真實，每一個布景道具黑麗都必須謹慎以對。

「有一次我要替廚房場景的小圓桌做裝飾。因為是聖誕節，奶奶家裡各處都已充滿聖誕裝飾，廚房裡的小圓桌也必須營造出相同的氣氛。我們得使用有年代感又簡潔的桌巾，要找到令人滿意的物件卻沒那麼容易。我煩惱了好一陣子，後來決定打電話給回收再利用中心。我說，有一部聖誕節背景的電影需要找布景道具，結果對方說：『要不要直接來我們這裡找找看？』抵達之後，中心員工打開了回收再利用中心充滿寶藏的倉庫讓我們進去。回收再利用中心本身的規模已經很大，倉庫又大上好幾倍。裡面有非常大量的物件，分別依照大類別整齊排列在架子上。看見如此龐大、想都沒想過的規模，我和同事驚訝得目瞪口呆。那些架子裡當然有專門以聖誕節為主題的，充滿了各式各樣和聖誕節相關的物件，我看了忍不住發出讚嘆。就在那裡，宛若命定般，我順利找到了非常適合電影場景的紅色圓形桌巾。」

繼續暢聊電影製作時，不知不覺，陽光逐漸照進了黑麗個人工作室一角。黑麗表示，這是她第一次參與電影製作，壓力不是普通的大，也發現和靜態照片不一樣，電影拍攝充滿了動感，非常有魅力。雖然黑麗最近因為工作的關係暫時沒時間進行自己的創作，但將來一有時間，她希望繼續物品拍攝計畫。黑麗笑著說這周末難得有空檔，她打算拿之前在二手商店找到的 Marimekko 舊布料，替沙發換上全新的面貌。

麗莎：「我想分享二手物品文化的樂趣」

用二手物品填滿的日常生活

芬蘭的夏天邁入尾聲之際，一場雨便能讓秋日悄然降臨。楓葉即將染紅，卻往往還沒來得及欣賞就被風雨摧殘殆盡。在這風景令人不自禁感嘆的早晨，我在市區的咖啡館見到了約好的訪談對象麗莎（Liisa）。麗莎是第一個答應接受我採訪的人。她的身材高䠷，臉上掛著開朗的笑容，立刻就將尷尬的氣氛一掃而空。麗莎的活力驅趕了秋日早晨陰雨綿綿的灰暗和涼意。

訪問時，有幾個問題我一定會問，其中一個是「什麼樣的契機讓你開始注意到二手物品文化」。我自己的話，大約是十年前初步認識芬蘭是怎麼樣的國家時。芬蘭的二手物品文化從我開始住在赫爾辛基就一直存在於日常生活中，但我過了好一段時間才真正意識到它，並且參與其中。我是成年後才接觸到二手物品文化，而且從此驚喜不斷，這讓我好奇——從小生活在這片土地上的人，有著什麼樣和我不同的經歷？我這輩子無法經歷到的，會是什麼樣的故事？

聽了我的提問，麗莎說：

「我從小就常常跟著爸媽和爺爺奶奶一起去二手商店，所以自然而然認為二手商店是我的寶庫。每次去，光想著『不知道這次又會發現什麼東西』就心情澎湃！」

正因如此，麗莎從小就懂得觀察物品的顏色、形狀和觸感，親自感知，並從中找到了樂趣。

「叛逆的青春期通常相當在乎自己有沒有朋友、渴望有歸屬感，

麗莎從小就很享受二手物品文化，並且學會如何展現自己。

可是那時的我卻一點也不在意別人的眼光，反而不想和朋友們穿得很像。我更喜歡逛二手商店，因為那裡有來自不同國家和年代的物件，在店裡挑選自己喜歡的東西感覺就像在認識自己。尤其對學生而言，可以花的錢不多，沒什麼地方比二手商店更適合買東西了！」

即便是特別在意外界眼光的青少年時期，麗莎只要一有時間就逛二手商店，尋找能凸顯自己個性的衣服和飾品，在不斷嘗試的過程中學會如何表現自己。不知是否因為累積了很多經驗，麗莎相當懂得用自己的風格詮釋不同材質的特色，而且對此充滿了自信。她知道如何不受潮流影響，找出能夠提升自己的物件，不怕展現真正的自己。就連採訪當天也豪爽地表示，她全身上下的衣服都是在二手商店買的。

當有人看出你買的東西的價值、予以認同，心中的喜悅和成就感無疑會加倍許多。麗莎說，雖然家人和朋友都喜歡二手物品文化，但不像她那樣充滿熱忱，讓她覺得需要一個管道和別人分享，便在社群媒體創立了社團，讓同樣關注二手物品文化的人互相交流。在社團裡，大家除了互相介紹自己在二手商店購買的東西和商店相關資訊，還會互相告知芬蘭哪些地方隱藏著宛如寶石般珍貴的二手商店和跳蚤市集。

「擁有」的概念，不再那麼沉重

據麗莎觀察，大約十多年前，芬蘭的二手物品文化開始活躍起來。二手商店雖然很早以前就出現在芬蘭人的生活中，但內部環境確實偏昏暗、老舊。在這樣的背景下，年輕人開始積極投入二手物品的買賣，促使二手商店的整體氛圍和服務品質都出現了明顯的改善。

「年輕人開始參與二手物品文化可能和『快時尚的便宜衣物大舉入侵』與『社群媒體的盛行』有關。瞄準經濟能力有限的年輕世代，主打款式能反映最新潮流、價格便宜、商品周轉速度快的服裝品牌不斷增加。雖然比起以往，買衣服的過程變得容易又迅速許多，但另一方面，潮流也汰換得更快，往往不用多久衣服就褪了流行。社群媒體雖然助長此一現象，同時也提供了解方——人們不用透過中間商就可以直接販售二手物，這幾年網路交易也愈來愈盛行。事實上，整體而言，雖然愈來愈多人買了便宜的快時尚衣服後，很快又因款式過時而把衣服轉賣給二手商店，衍生了一些相關問題；但像我一樣喜歡嘗試各類衣服的人，在這個過程中獲得了很多樂趣。我想，所謂『擁有』的概念，是不是可以變得不再那麼沉重一點呢？」

麗莎表示自己最近忙著移居他國，笑說因為處理掉了很多生活用品，這幾天住在一個空蕩蕩、沒什麼可看的屋子裡。談話過程中，她好幾次拿起手機和說好要購買她放上二手物品交易網站販售的燈具買家溝通取貨時間，周末也打算把家裡剩下的物品統統拿到 Konepaja Bruno 跳蚤市集。麗莎邀我有空的話就來看看，後來我依約前往，在跳蚤市集裡碰到了她。那天，麗莎順利賣出相當多家具和餐具等生活用品。不久後，麗莎結束在芬蘭的生活，飛到了別的國家。她非常期待在另一個國家也能盡情享受當地的二手物品文化。

健康的消費模式

大約一年後，麗莎回到了芬蘭。本書初稿尚未完成，我們又聯絡上彼此。麗莎說，雖然比原定計畫更早回到芬蘭，前陣子為了採買日常用品忙得不可開交，但最近差不多都整理好了，很想邀我到她家裡坐坐。她笑著說，整間屋子又一次充滿了二手物品，她很想帶我參觀參觀。

麗莎和丈夫、孩子以及兩隻貓一起住。她家就像一般人的家一樣平凡又樸實，裡頭沒有搶眼的新家具或新用品，而是擺滿了已走過不少年歲的老物件，非常舒適溫馨，看起來不像有一段時間沒人住的樣子，也完全不像不久前才從國外搬回來。麗莎帶我走向

麗莎家裡全部都是二手物品，布置得舒適又溫馨，看不出來有一年的時間沒人在家。

麗莎經常搬到別的國家居住。對她而言，最重要的物品是那些溫暖地陪伴她度過日常的杯子。

廚房，我們坐在餐桌旁一邊喝咖啡、吃麵包，一邊聊之前沒聊完的話題，一隻貓好奇地翻弄我的相機包。

麗莎說目前為止自己在好幾個不同國家住過，有些東西一定會帶著走，那就是她過去蒐集的、非常珍藏的杯子。和其他芬蘭人一樣，麗莎平均每天要喝四、五杯咖啡，她說那些杯子對她帶來的影響，大得難以言喻。每個杯子不同的顏色、形狀和質感，都能為她注入活力。麗莎會根據當下的時間、當天心情，選用不同的杯子喝咖啡以轉換心情。她說，無論住在哪個國家，只要看著那些杯子，她就覺得彷彿在芬蘭的家裡。前一年搬家時，那些杯子也跟著麗莎一起飛到另一個國家，如今再次回到赫爾辛基。每一個形態和色彩各異的杯子，分別從不同的二手商店和跳蚤市集買回來，統統擁有不同的小故事。有的只花了她〇．五美金，有的斷了手把。這如實反映了麗莎的消費模式——與其追逐那些昂貴又罕見的物品，不如相信並跟隨自己的個人喜好。麗莎笑著說，她至今依然記得購買每一個杯子那個當下的地點、氣味和氛圍。

話題告一段落，麗莎邀我一起前往附近常去的代售二手商店，最近她剛好租了櫃位，販售前陣子整理家裡後不再需要的東西，打算趁機過去整理一下。如同之前我看過的代售二手商店，那間店同樣反映著一般芬蘭人平凡的日常生活。麗莎整理完櫃位、準備和我一起走出商店時，忽地眼前一亮，順道在免費二手物的櫃位挑選了一件亞麻襯衫。

麗莎從小就習慣進出二手商店，現在變成會和六歲的孩子以及在她影響下也開始迷上二手物品文化的丈夫一同前往。麗莎說，孩子習慣了進出二手商店，也懂得在那裡尋找能讓自己快樂的東西，讓她看了很自豪。她希望未來可以在更多地方和人們分享二手物品文化的樂趣以及健康的消費模式，因為二手物品文化讓我們知道——主動將自己不需要的東西分享給他人，同時也能獲得快樂。

第八章

依然不斷進化的芬蘭——手物品文化

隨時代演變的二手物品文化

為環境著想、健康又實惠的消費模式

自從決定撰寫本書，我最想避免的就是將芬蘭等北歐國家描繪成「完美的國家」。我不願將芬蘭二手物品文化盛行的原因純粹歸結為「因為芬蘭人比較在乎環境問題」，或是美化成「因為芬蘭人是儉樸的民族」，隨隨便便做出結論。我回韓國時經常發現，和朋友聊天的過程中，以及媒體針對北歐國家的報導中，北歐人很容易被認為「他們本來就是那樣的人」——是理性、懂得做出合理判斷的聰明民族，以及打從一開始就和韓國人不一樣的完美民族，北歐社會的發展和穩定似乎只是理所當然的結果。然而，認定「他們本來就是那樣的人」的同時，自然而然也會認為「我們本來就是這樣的人」，與其散播「認為一切都不會改變」的挫敗感，我更希望傳遞「正向改變有機會發生」的希望感。

芬蘭人並非完美，芬蘭也存在弊端、歧視、漠不關心、不負責任的問題。但我想告訴大家的是，經常被選為「最適合居住的國家」、「政府信賴度高」的芬蘭之所以能有今天的成就，主因是芬蘭的地理環境使芬蘭人發展出了不一樣的思維，進而產生不一樣的作為。

芬蘭的二手物品文化，同樣是在歷史、環境和宗教背景下，歷經無數人的煩惱和抉擇的來來回回，才形成了今日的樣貌。起初，芬蘭人是為了和家人、鄰居一起節約使用資源而互相交換二手物品，隨著時間遞進，這習慣逐漸融入芬蘭人的日常生活，成為某種普遍的文化。芬蘭的二手商店起初只賣破舊的衣服和老舊物品，內部昏暗的氛圍使人不太敢靠近，如今則變成既能用便宜價格購買需要的物品、能挖寶，也能和家人朋友一起度過有益時光的地方。自從一九九〇年赫爾辛基出現第一間回收再利用中心以來，約莫三十年過去了，二手物品文化已經成功獲得不同世代的關注與認同。今日，芬蘭的二手物品文化依然不斷進化，並隨著現代的快速消費模式發展出獨特的樣貌。

芬蘭的二手物品文化向來隨著時代而不停演變。現代人比以往更快、更隨意就消費和丟棄物品，再加上環境問題惡化、人類愈來愈擔心，二手物品文化遂被視為一款良好解方，能將原本單向且消耗性的線性經濟兩端連接起來，形成一個可循環的經濟結構。

二手物品文化的盛行，反映了這種為環境著想、健康又實惠的消費模式，正逐漸成為現代人的偏好。

網路交易規模擴大帶來的變化與展望

網路四面八方地深入現代人的日常生活，深度和廣度超越你我想像。在那無法用手觸摸的虛擬世界裡，有非常多事情正不斷發生，而且都是必須撥號連線才能上網、我仍就讀高中的那個年代根本想像不到的。十年、二十年後，還會發生許多超乎現在的我們所能想像到的事。廣大的網路世界裡，二手物品文化同樣占有一片天地。例如在韓國，二手物品文化很早就在網路上發展。在網路上交易二手物品因為不用透過中間商就能親自販售並直接獲取收益，也可立刻搜尋符合自己需求的物件並便宜購入，很多地方都很盛行。芬蘭就存在許多不同型態的二手物品網路交易平台。

芬蘭人最愛使用的二手物品網路交易平台為 Huuto 和 Tori，其優點在於尋找自己需要的物件時，能夠篩選不同的地區和種類，包含家具、家用電器、碗盤、玩具、嬰兒車、書籍等。

透過臉書或 Instagram 等社群媒體交易二手物品的做法同樣很普遍。赫爾辛基最特別的一點是，每個社區都有自己的臉書二手物品交易社團，名稱通常是「社區名＋Kierrätää（回收再利用）」。一年四季都有人買、有人賣的育兒用品通常有專門社團，方便家長更快找到所需物品，名稱通常是「社區名＋Kierrätää lastenvaatteet ja tarvikkeet（童裝與育兒用品的回收再利用）」。假如在首爾，名稱就會是「上水洞二手物品交易」、「方背洞二手物品交易」這類形式。交易二手物品時，由於買賣雙方經常要約時間碰面、確認物況，若能在同一個社區或附近社區找到所需物品，交易時就不需花費太多時間和精力，因此自然而然形成了這類地區性社團。而且，如果是附近社區的居民，通常不怕查不到對方的身分，有助於提升交易的可信賴度，讓人更能放心買賣。

談到二手物品網路交易帶來的變化，「清潔日」創辦人鮑莉娜認為：

「我很好奇網路上的二手物品交易愈來愈盛行會對芬蘭的二手商店造成什麼影響。目前世界各地都出現了實體店面因為網路交易盛行而一間間關門的問題。二手商店同樣難逃這類困境，可能再也無法在租金高的市區生存，不得不搬到郊區，或者可能只剩下展示間（showroom）。要不就是得發展成多功能的商業空間。」

網路交易規模的成長被認為是導致「零售業末日」（Retail Apocalypse）——實體店銷售額下降且紛紛倒閉——的主要原因之一。分析指出，電子商務巨頭亞馬遜

（Amazon）帶動的網路購物風潮，為網路市場的成長造成了很大的影響。[1]就連紐約市區許多知名品牌也敵不過飛速成長的網路購物和不斷飆升的店面租金，紛紛傳來停業消息。規模比較小的獨立商店更不用說。同樣現象也出現在韓國和芬蘭。若在實體店家購物，必須花時間和精力來回；若在網路上購物，不僅可以到處搜尋、比價，還可以宅配、退貨，現在除了生活用品，連食材也買得到，消費者自然偏好網路購物。就連經常跟不上最新科技的我，也懂得先在實體店看一看，再到網路上到處比價，最後選擇其中價格最實惠的。會出現「這年頭還有誰只在實體店買東西？」這種話，也是理所當然。

不過，由於購買二手物品之前通常會確認上面有多少前人使用過的痕跡或瑕疵，透過網路買賣多少有點不放心；再加上一邊翻看架上二手物品、一邊尋寶的過程充滿了樂趣，實體二手商店短期內應不至完全消失。但是，二手商店的服務和結構很可能會隨著消費環境的變化而有所改變。在赫爾辛基，已經有愈來愈多二手商店做出不一樣的嘗試，例如除了二手物品也同時販售新品，或在二手商店裡開設咖啡廳，讓客人可以舒適地購物。

其中，位於蝶略區的自助寄賣二手商店 Relove 採取高定價策略，做出差異化，成功獲得消費者的關注和喜愛。比起一般的自助寄賣二手商店，Relove 的平均價位較高，物況比較好，櫃位租金也比赫爾辛基平均值高出約五十％。Relove 的網站明確指出，比起容易損耗的物件，品質好的物件更佳。商店入口處則設有一個時髦的小咖啡廳，提供許多年輕人喜愛的餐飲品項，不但不會讓人覺得是二手商店附設的，比較像獨立營業的咖啡館，更散發一種悠閒的氛圍，讓人能輕輕鬆鬆打發時間。Relove 打破了人們以往對於二手商店的偏見，尤其受到年輕女性歡迎。據說只要是關注潮流或對二手物品文化有興趣的人，至少都去過一次 Relove，十分出名，在媒體上也頻頻曝光。

從 Relove 的案例可以看出，二手商店同樣會跟著市場的變化而不斷進化。Relove 為世人展現了新的可能，提升了二手商店的多元性。其魅力之大，足以讓原本對二手物品文化不感興趣的人也回心轉意。看到這樣的進化，我忍不住開始希望和期待二手商店市場未來即將面臨的，並不全然是「末日」。

---

1 朴正勳〈「零售業末日」：美國零售業，網購市占率超越實體店〉《經濟評論》，二〇一九年四月三日網路報導。

二手物品文化面臨的問題

大量消費，大量丟掉

如今，芬蘭的二手物品文化比以往更加盛行。透過網路或實體等各類二手商店和活動，二手物品一個個找到了新主人。有歷史的芬蘭設計品也不斷在國際各大拍賣會刷新最高價紀錄。回收再利用中心的統計資料指出，民眾捐贈的二手物品數量每年都在增加，銷售量也不斷增加。二手商店裡，捐東西和買東西的人都愈來愈多。不同類型的跳蚤市集一年四季經常舉辦。二手物品文化不僅吸引著更多人參與，也逐漸掃除人們以往對於二手物品的偏見。

至此，我們不免要問：二手物品文化變得如此興盛，不就代表全世界的物品也變多了嗎？

「只要想想二手商店賣的東西是從哪裡來的，就知道答案了——人們的消費量就是那麼多。二手物品文化愈來愈興盛，並不代表大家已經開始會在消費時替環境著想。人們比以前更常消費更多東西，所以才會有更多東西流入二手市場。我們正活在一個消費量比以往更多的時代。」

「清潔日」創辦人鮑莉娜在採訪中如此說道。二手物品文化愈來愈興盛，並不代表我們已經完全拋下了過去習以為常的消費習慣、突然開始處處為環境著想。到頭來，我們依然會買那麼多或者更多，然後其中大多數最後都流向二手市場。這就是二手物品文化的黑暗面。

鮑莉娜向我分享了她在「清潔日」活動中觀察到的現象，以及活動所引發的擔憂。

「『清潔日』只要有愈多賣家擺攤就愈充滿活力，盡可能吸引愈多人參與很重要。然而，和這件事一樣重要的是二手物品的多元性。東西夠多元，消費者才會一直有興趣，活動也才有可能持續下去。目前最多人賣的是衣服，其中又以快時尚品牌占最大宗。那類衣服基本上都是反映當下潮流，一旦過時，很快就會被遺忘。可是，買了之後又不可能一直堆在衣櫃裡，導致不少人是為了把過時的衣服處理掉才參加『清潔日』。可是，賣家認為過時，買家也可能認為過時。逛二手商店或市集時，比起一般商店就會賣的東西，大家更想看到的是有趣、有特色的東西，因此那類衣服的買氣只會低、不會高。最後，它們要不是被丟掉，就是被捐出去。這種現象會降低『清潔日』的活動品質，這幾年人們也比過往更深刻地意識到與擔憂著環境問題。我們必須知道，這樣的現象不僅會降低人們對活動的興趣，也很可能模糊掉了二手物品文化的本質與意義。」

「瓦利拉故事」主理人碧雅和賽拉也說過類似的話。

「自助寄賣二手商店的目標是替賣家販售二手物，物品的上架權限在賣家。雖然每間店的規定不太一樣，但大致上，只要不是有污損或違背二手物品文化的精神，什麼

二手物品文化愈來愈興盛，不就代表物品也變多了嗎？
© Emmi Korhonen

二手物品文化之所以吸引人，是因為物品非常多元。

東西都可以上架。賣家上架的東西將大大影響整間店的形象。我們是專賣服飾的二手店家，便宜的快時尚品牌在架上占了相當大的比重。坦白說，對於一個希望建立店家特有風格並做出差異化的經營者來說，品質不高看來又大同小異的快時尚品牌衣服，其實挺令人頭疼的。」

碧雅接著補充。

「有一次，我發現我們店裡上架的衣服同樣出現在新品商店櫥窗的模特兒身上，嚇了一跳！也就是說，那件衣服剛剛被買下沒多久就被賣到了二手商店！有些人甚至把吊牌還沒剪掉的新衣服拿來賣，這種行為讓人震驚。」

花費時間、能源和資源做出來的物品，這麼快就被消費者丟掉，實在令人吃驚。而且類似問題不僅限於服飾。例如，手機或其他電子產品，就算是去年剛買的，才過了一年，可能有人已經覺得成了舊款。每個人的抽屜和櫃子裡，多少都堆著以前衝動購買後就忘得一乾二淨的飾品、電器等各種類型的物件吧！

快速消費，快速丟掉

二手商店和跳蚤市集也被當成了一種可以快速簡單脫手物品的管道。買了東西立刻就後悔的人往往面臨以下選擇：要不退貨，要不丟掉，要不就是當成二手物品賣掉。有人可能會想，「不丟掉，當成二手物品便宜地賣給需要的人，不也很好嗎？」替自己用不到的物品找到下一個使用者，的確符合二手物品文化的精神，可是，若二手商店只是被當成一個用來清理家中舊物、騰出空間的手段，好讓自己可以再買更多東西，問題依然存在。想想這世上仍有多少東西被快速消費、快速丟掉就會明白，二手物品文化目前只不過是一種美好的包裝而已。這幾年社群媒體的影響力愈來愈大，網路購物又愈來愈容易，有愈來愈多人是為了向別人炫耀而買東西，並在買完後很快就退貨或丟掉，導致問題變得更嚴重。只對外展現自己幸福快樂的片刻，而不是毫無保留地展現日常生活的真實模樣，以此塑造和管理自己的形象，可說是現代人使用社群媒體時很明顯的傾向。而這種傾向，往往導致「為了炫耀而購物」的行為。

英國巴克萊銀行二〇一八年針對具購買能力的兩千名英國成年人（三十五歲至四十四歲）進行的問卷調查指出，大約每十人中就有一人（九%）會為了在社群媒體上炫耀而買東西，而且拍照、上傳完畢就退貨。（注意，該調查並不包含十歲到二十多歲的世代）[1]每年，光在美國就有約三十五億件退貨，其中僅二十%是因為「有瑕疵」而退貨。網路購物的普及與便利導致「退貨」變成了購物過程中可能出現的環節之一。網路購物的特點在於，還沒看到實品就得根據網站上的圖片決定是否購買，收到實品後很可能改變心意。有鑑於此，愈來愈多企業採取「可接受退貨」政策，而且退貨流程變得比以往更加方便、簡單，有時甚至免費退貨。然而，退貨率一旦上升，最終消費者價格也會上升。為了不產生虧損，企業都會根據退貨率的變化調整最終價格。

那麼，被退貨的物品，真的會像退貨的人所想的一樣，找到下一位使用者嗎？可惜的是，那樣的機率相當渺茫，即便是實際上從未用過的東西也一樣。每一件被退貨

快時尚產業的產量持續增加，規模也不斷擴大。

的物品，物況各不相同——開封程度、重新包裝起來的模樣、使用痕跡多寡等。對企業而言，逐一檢查並重新包裝被退貨的物件必須額外耗費時間、人力和金錢，是一個很大的麻煩。[2]而且，商品都有所謂的「季節性」，尤其是具備特定功能或型態的物件，一旦錯過了熱賣時機，往往很難再次售出。商品若被退貨，又會花掉不少時間，在銷售上變得更加困難。以企業的立場而言，將這類物品累積到一定數量，再全數拿去低價特賣或乾脆廢棄，更好辦、更划算。然而，這是多大的損失啊！從生產階段就耗費

二手商店和跳蚤市集被當成了一種可以快速脫手物品、騰出空間、以便購買更多東西的管道。© Joonas Lumpeinen

許多珍貴能源和資源做成的物品，連用都沒用過，只在物流之間來來回回就被丟掉了。整個過程中產生了大量我們看不見的碳排放，蒙受損失的絕對不只企業而已。

這算是我們的無心之過嗎？不，這絕對都是人類自作自受的結果。沒有人知道，我們的無知、冷漠，以及無意間的舉動，會導致地球另一端發生什麼樣的事，或者陷我們自己於絕境。每每想到這一點都令我忐忑難安。

隨意消費，隨意丟掉

不過，人類當今面臨的問題，相關責任也不該全數都推到消費者身上，一味地怪罪消費者。製造商每天都在思考如何能讓商品賣得更好，經常慫恿消費者，宣稱消費者「有所欠缺」並一項接一項細數。於是，消費者買了一個東西，不見得不會再買別的東西，反而可能掉進一個龐大的無底洞。例如，原本只想買當下急用的乳液，在商店裡卻不停地被推銷其他號稱可以幫助發揮最大效果的產品——可能是「採用最新技術、能幫助找回青春和撫平細紋」的乳霜，或是標榜「化妝之後最重要的是清潔」的洗面乳——離開賣場時手上的袋子往往比原先所想的還重。製造商想盡辦法將一個又一個產品串連在一起，推銷給消費者，告訴消費者「你的生活還缺了多少東西」，接著再催眠消費者

「用了這些產品就能更接近社會大眾期待的理想模樣」。消費者一旦無法察覺所謂「有所欠缺」不過是商人的話術，只會不停地責怪自己愚昧無知，陷入無止境的相對剝奪感，在消費的無限循環中走不出來。一味地責備消費者，並不會出現根本性的改變。

我們必須意識到，這個不斷慫恿人們隨意消費、隨意丟掉物品的龐大體系有其錯誤之處。從製造業的大量生產模式中尋找待改進的環節，才是更具建設性和根本性的解決問題之道。

---

1 Hanna Kozlowska, 'Shoppers are buying clothes just for the Instagram pic, and then returning them', Quartzy, 14 Aug 2018, accessed 15 Mar 2019. 網址：qz.com。

2 Harriet Constable, 'Your brand new returns end up in landfill', BBC Earth, accessed 15 Mar 2019. 網址：www.bbcearth.com。

讓未來變得更好的消費及生產模式

審慎消費，高品質生產

寫這本書的過程中，我見到了許多來自不同背景、各有不同故事的人，他們有時卻會異口同聲說出類似的話。例如，「我很驚訝以前生產的東西，品質往往比較好」就是其一。你可能會想，「現在的技術這麼發達，品質只會變好、不會變差，不是嗎？」但是，品質好的東西變多，品質粗糙、幾乎只能單次使用的東西也變多了。只要逛一回實體賣場或購物網站就會發現，很多物品僅是為了人類一時的滿足而生產，耐不耐用都不知道。

這或許和現代人已經有所改變的生活態度密切相關，強調便利性、將消費當作一種娛樂和炫耀的風氣也影響了生產品質。物品究竟是因為生產了所以拿去賣，還是為了賣而生產出來？是先有雞，還是先有蛋？雖然很難知道答案，但可以確定的是，這其中一定有問題。

最重要的是，購買物品時一定要審慎以對。有很多物品是由不同的原料加工合成，消費者很難認識其中每一項原料、理解每一道生產工序。人手一支的智慧型手機充滿了你我不懂的零件；每天進出的屋子，牆壁裡充斥著許多我們難以得知來源和成分的物質；每晚使用的乳液和洗髮精亦然；皮膚直接接觸到的衣服，通常我們也不清楚究竟使用了哪些原料、經過哪些工序做成；食品和藥物更是，即便讀了成分表，也很難知道其中的作用是什麼，更別提那些難以讀懂的成分名。

漠不關心雖然是不對的，但也是一種無可奈何。俗話說「眼不見，心不念」，消費者看不見物品的生產過程，自然只能冷漠以對。現在有很多製造商選擇在人力成本較低的國家進行原料加工，那些國家的環境法規通常較為寬鬆，於是，當地的水質和土壤面臨被污染的危險時，負責決策的總公司反而因為不在當地而不受污染影響。近年已接二連三出現很多跨國企業因環境及員工權益的倫理問題所引發的爭議，產生負面形象，導致現今很多物品的外包裝不寫「Made in ○○○（生產地）」，而寫「Designed in ○○○（總公司所在地）」，也許就是因為消費者愈來愈會放大檢視物品的生產地。

這並不代表「買比較昂貴的品項就是懂得思考的消費者，買比較廉價的品項就是短視近利的消費者」。貴的品項不一定都好，便宜的品項不一定都差。只是，消費者必須知道，製造商利用技術將原料加工合成、再從甲地運送到乙地的複雜生產過程中，若要降低價格，往往只能在生產環境、品質或人力費用上有所犧牲才能達成。購買或丟棄每個物品之前，若能花點時間想一想：「它是在什麼樣的環境中被製造的？歷經了哪些過程才被送到這裡？我的消費行為可能會對社會和環境造成何種影響？」我們是不是就能做出更審慎的消費行為？

回收再利用中心的員工正在分類，好讓回收回來的棉織物順利再次利用。
© Joonas Lumpeinen

除了每個人是否具備消費意識，物品的品質好壞也很重要。品質愈好，自然愈耐用，日後被當成二手物品出售時更容易獲得青睞。很多芬蘭設計品在二手市場上依然能賣出高價，讓我忍不住覺得：芬蘭的二手物品文化之所以能發展得這麼好，也許就是因為芬蘭有很多東西的品質好到即便被當成二手物品出售也絲毫不失光彩。

不是「要不要」回收再利用及再生，而是「一定要」

品質好、方便日後進行回收再利用及再生的物品，應該愈來愈常見。儘管近幾年大家比以往更深切體認到環境的問題，快時尚產業依然持續成長。本書經常提及服飾並非刻意，而是因為服飾確實是人們最能產生共鳴的品項，且其產業規模龐大，碳排放量也很高。綠色和平組織二〇一六年報告指出，全球服飾生產量在二〇〇〇年到二〇一四年間增加了一倍，平均每年多買六十％。有鑑於二〇五〇年全球預計將達一百億人口，屆時中國等開發中國家都將迎來快速的經濟成長，帶動消費量大幅增加，物品的回收再利用及再生已非「要不要」，而是「一定要」。[1]

比起被帶到二手商店，有更多東西直接被丟掉。不僅製造商在生產過程中會丟掉很多東西，消費者也會丟掉很多東西。單就衣物而言，全球只有二十％廢棄衣物成功被回收再利用或再生，其餘八十%都遭到焚毀或掩埋。被掩埋的衣物估計需要兩百年以上的時間才能分解殆盡，過程中還會不斷排放溫室氣體。目前只有不到一%的衣物成功被回收再生，相關技術依然有很長一段路要走，需等到很久之後才能普及。[2]

芬蘭在二〇一五年到二〇一七年推出了「時尚再循環計畫」（Relooping Fashion）。有鑑於全世界有大量衣物被消費者購買後很快被丟掉，該計畫希望能找到有助於將當前服裝產業的線性經濟轉型為循環經濟的辦法。原本，回收的廢棄棉織物必須先降解為纖維才能投入再製，但其中被磨損的纖維長度通常太短，重新紡製成紗線有其難度，再製過程中得添加新的棉線，實務上做不到百分之百只用廢棄棉織物的再製新品。然而，「時尚再循環計畫」採用了芬蘭VTT技術研究中心（Technical Research Centre of Finland Ltd.）開發的纖維溶解技術，讓回收的廢棄棉織物不用再添加新原料即可無限次投入再製，品質也不打折。[3]

「時尚再循環計畫」由芬蘭國家技術創新局（Tekes）資助推動，且有許多機構和企業參與。首先，回收再利用中心會將多達一千兩百公斤的廢棄棉織物集中並分類。再製過程不可摻雜其他種類的纖維，非百分之百棉製的布料、鈕釦、拉鍊、標籤都必須去除。接著，透過蘇伊士環境集團（Suez）與VTT技術研究中心的協助，使纖維降解、重新紡製成紗線，再交由 Pure Waste 的工廠織造，最後由芬蘭服飾品牌 Seppälä 負責設計與銷售。[4]想達到商用化和普及雖然還需要很長時間，但只要有愈來愈多企業和機構投入，形成生態系，芬蘭的纖維循環經濟便有望晉升到下一個更高的層次。[5]

資源並不是無限量的。地球雖然是一顆龐大的行星，但在浩瀚的宇宙裡不過是滄海一粟。地球上具消費能力的人口不斷增加。美國地理學家暨演化生物學家賈德·戴蒙（Jared Diamond）曾在他的名作《大崩壞：人類社會的明天？》（*Collapse*）中細細爬梳了復活節島的命運。復活節島比周圍其他玻里尼西亞島嶼蘊含了更豐富的資源，一度發展出發達的文明與技術。然而，島上的人毫不考慮永續性的消費方式使整座島陷入了困境，威脅到下一代的生存。他們將造船所需的木材全部耗盡，再也無法出海捕魚或前往其他島嶼進行貿易，最終被後代拿來獻祭，消失在歷史的洪流裡。你我一同居住在地球這龐大的島嶼上。倘若有一天我們耗盡了島上的資源，結局會是什麼，再明顯不過。

1 Harriet Constable, ‘Your brand new returns end up in landfill’, BBC Earth, accessed 15 Mar 2019. 網址：www.bbcearth.com。
2 Allison McCarthy, ‘Are our clothes doomed for the landfill?’, Remake, 22 Mar 2018, accessed 17 Jul 2019. 網址：remake.world/stories/news/are-our-clothes-doomed-for-the-landfill。
3 Relooping Fashion, ‘What is The Relooping Fashion Initiative?’, accessed 17 Jul 2019. 網址：reloopingfashion.org。
4 Kierrätyskeskus, ‘Tekstiilin kiertotalous’, accessed 17 Jul 2019. 網址：www.kierratyskeskus.fi/tietoa_meista/tietoa_kierratyskeskuksesta/ hankkeet/tekstiilin_kiertotalous。
5 VTT, ‘Fabric made from VTT’s recycled fibre feels half way between cotton and viscose’, 19 Sep 2017. 網址：www.vttresearch.com/media/news/fabricmade-from-vtts-recycled-fibre-feels-half-way-between-cotton-and-viscose。

約翰娜：「希望生產者和消費者都做出更健康的選擇」

從「擁有」到「共享」

能在任何時刻隨心所欲使用的便利性是「擁有」的一大優點。步入現代社會後，「一個人擁有某個東西」就像一道理所當然的公式，我們往往不經多想就一直遵循下去。然而，如果此制度衍生的責任與負擔變得愈來愈沉重，那就不得不提出一個根本性的問題：我們有何理由，非要死守這制度不可呢？

芬蘭人熱愛洗桑拿浴。洗桑拿浴對他們而言就像一種習慣、或是近乎冥想的行為。各大城市裡的公共桑拿房以往隨處可見，但從一九五〇年代起數量開始鋭減，轉而變成公寓住宅內部供住戶使用的公設桑拿房逐漸普及。幾年前起，新建的公寓開始為每一戶配備桑拿房。亦即，每一戶人家裡都有一間私人專屬的桑拿房。然而，那個占地至少約十平方公尺的空間，每周頂多只會用上幾個小時，其餘大多時候都空著。芬蘭人再怎麼喜歡桑拿浴，每天都洗一遍的人又有幾個？於是，家裡的桑拿房很多最後都淪為倉庫。另一方面，洗桑拿浴之前的預熱過程所耗費的電力也不能不提。人們往往會先打開預熱開關，去做別的事情，等到回過頭來時，往往已經不小心預熱過頭，等於是拿「便利」來交換「空間及能源的浪費」。建商宣稱這類設計反映了現代人的想法，但至少在我認識的芬蘭朋友中，很少有人對此表示贊同。

我自己則對公用洗衣間有著印象深刻的體會。芬蘭的住宅大多內含冰箱、洗碗機、洗衣機等大型家電，但有次我和家人要搬家時，卻發現新家沒有洗衣機。房東說公寓一樓設有公用洗衣間，使用上應不會有任何不便，我卻擔心著每次要洗衣服都必須事先規劃和挪出時間，相當麻煩且不易實行。後來，我把買洗衣機的念頭暫且擱在一旁，先試用了一次公用洗衣間，竟然發現預約與使用方法沒有我想的那麼困難，很好理解且清楚明白，也沒發生什麼會和鄰居之間鬧得不愉快的事。再加上家裡已經有兩台烘衣機和一間可晾大被子的房間，原本只打算使用一、兩次公用洗衣間，最後卻不知不覺用了兩年多，打破了我一開始認為「和別人一起用的話會很不方便」的舊有觀念。

我也觀察到，我們所擁有的，逐漸取代了我們自己本身；我們所擁有的，同時也讓我們取得了社會與經濟上的便利和地位，使我們嚐到甜頭。於是，我們甘願為此負重前行。然而，若每個人只忙著增加自己擁有的，走沒幾步又停下來埋頭苦幹，這樣的生活該有多可憐？雖然仍很微弱，但我感覺得到，現代人對於這樣的模式愈來愈厭倦，希望有所改變。而我認為，所謂「擁有」的意義和概念也正悄然變化中。

如果說，現代人隨意消費且很快就丟掉物品的行為是現代社會一大問題，但物品的價值不太可能只由一個人使用就發揮到極致，一直以來有很多珍貴的資源不斷地被浪費掉，而我們事實上沒必要讓每個物品都歸自己擁有，那麼，互相共享、一起使用，不就是很好的解方嗎？

衣服可供租借的服裝設計師

我第一次見到約翰娜．薩洛瓦拉（Johanna Salovaara）大約是十年前。她是外子好友楊內（Janne）的妻子，是一位散發著強烈都會女性風格的服裝設計師，這也是她給我的第一印象。那時楊內正在阿爾托大學攻讀「創意永續性」（Creative Sustainability）碩士課程，那正好是外子當時的授課領域。沒想到我們四個人湊在一起，聊的不只是永續性[1]。隨著一年一年過去，我們之間不再有隔閡，自然地變成了朋友。約翰娜給我的第一印象也被我後來認識的她給取代了——她是個比任何人都充滿感情、擁有開放思維與視野的人。然而，我不久後得知，約翰娜其實長期以來都夾在她的職業和永續性之間，深感懊惱。

某日，我看見約翰娜在社群媒體上表示她的衣服可供租借。當時我剛得知她心中的煩惱與掙扎，非常好奇她那則貼文的用意。我採訪過以前在服裝產業工作但後來轉職的碧雅和梅麗莎，約翰娜至今仍以設計師的身分在服裝產業中工作，使我更想了解她的想法。

服裝設計師，約翰娜。
© Rosemarie Särkkä

「我很在乎永續性，除了因為老公給了我很大影響，也因為我在學校學習服裝設計時，很早就理解到永續性是必要的。也可能是因為我很久以前就對二手物品文化感興趣，更容易注意到哪裡出了問題。現今服裝產業最大的問題在於，很多品牌不停宣稱能夠無止境地提供便宜的衣服，但那種衣服的品質大多很差、不耐穿，設計又很糟糕，穿起來都不怎麼好看，生產速度卻快到幾乎每個禮拜都會上架新款。聽說某知名低價品牌為了達到那樣的速度，裁縫這個工段甚至是在準備出貨給零售商的船上進行！如果是真的，那就太不可思議了！想想看，那會是什麼樣的工作環境？」

攻讀服裝設計的約翰娜在二〇〇八年進入芬蘭最大的百貨公司「斯托克曼」（Stockmann），負責設計百貨公司自有的高級女裝品牌，一路工作至今。她從小就夢想成為服裝設計師，長大後也順利從事她心中的天職。當今服裝產業的結構卻不斷折磨著她。

「我前幾天在社群媒體上說，我的衣服可以提供租借。我主要選了幾件適合在輕鬆的派對或聚會場合穿的洋裝，拍照後上傳。那類衣服通常是用很多很好的材質做成，實際上會穿的時間卻不多。只要想到製作過程中花費掉的資源和時間就覺得，一直掛在衣櫃裡實在太可惜了。為了增加使用頻率，我決定分享給有需要的人一起使用。與其每個人都擁有便宜但品質差的東西，不如彼此之間互相租借或交換品質好的東西。我們需要改採這種新的文化，也希望有助於讓這過程更順利的服務能夠盡快普及。」

約翰娜告訴我，芬蘭有一間服裝出租公司 Vaatepuu 主要提供芬蘭及其他北歐國家品牌的服飾，從日常衣服到派對服裝，各種類型都有，而且提供不同尺寸。該公司源於二〇一四年耶爾文佩（Järvenpää，距離赫爾辛基約三十分鐘車程的城鎮）有一群人決定互相共享衣櫃裡的衣服，目前已拓展至包含赫爾辛基在內的四座城市，逐漸打響知名度。

服裝租借服務正逐漸在世界各地拓展開來。例如，二〇〇九年成立的美國企業 Rent the Runway 主要提供設計師設計的服裝與飾品租借服務，稱其會員所共享的衣櫥為「雲端衣櫥」（Closet in the Cloud），提供大型活動或聚會所需的洋裝、禮服、飾品，以及日常服裝等各種不同用途的服飾，成立初衷正是因為體認到了很多砸下重金購買的服裝頂多只會穿一、兩次，主打特點是能租借到人人都希望這輩子至少可以穿上一次的著名設計師單品。以網路起家的 Rent the Runway 從成立之初就引起許多人共鳴與關注，如今已在紐約、芝加哥、華盛頓、舊金山、洛杉磯等地開設大規模實體商店，成為服裝租借產業最受矚目的公司。

「我們需要政策或計畫來積極支援生產具永續性衣服的品牌，以及把衣服的回收再利用與再生做為目標的品牌。我熱愛衣服，熱愛這份服裝設計的工作，可是只要想到現在的服裝產業結構一味鼓吹消費與拋棄舊的，還有惡劣的生產環境，我就會懷疑自己，恨不得想立刻離開。幸好我這份工作比較強調品質，我們在服裝生產上不會求快。但我還是認為，百貨公司需要採取更積極的態度，進行各種嘗試，幫助消費者做出更健康的選擇。以前我和別人聊天時，都得先確認對方是否和我關注一樣的事情，然後才小心翼翼地開啟我想聊的話題，因為每次只要提到環境或相關倫理，不少人都覺得我有點奇怪、自以為了不起，或者想吸引別人的關注。現在我不害怕了，我正努力用各式各樣的方式讓別人知道我的想法和意見。畢竟這是個很大的問題，不可能光靠我一個人獨自面對和煩惱。今天，是不是到了大家該一起思考這些事情的時候了呢？」

語畢，約翰娜反過來向我道謝，感謝我為了寫書向她提問。她說每次聊這類話題都像在訴說煩惱，也多少有助於消除心中的鬱悶。當我得知依然選擇待在服裝產業裡的約翰娜決定開始毫無保留地向別人說明自己內心的煩惱與痛苦，我也獲得了靈感。

讓物品長久耐用的可靠辦法：維修

「維修」的重要性值得一再強調，因為那是可以讓物品長久耐用的可靠辦法之一。但不知從何時起，親手製作、維修東西的行為，似乎已經在我們的生活當中消失了。比起維修，我們總是更自然而然就選擇了拋棄。為什麼會變成這樣？

物品變得愈來愈複雜了。

現代人的生活必需品當中，電子產品的占比提高，除了那些懂得如何維修的人，一般人很難自行修理。而且現在很多東西都很便宜，就算原本想修看看，往往會發現維修費用很貴，不如直接買新的。就算花錢把東西修好了，很快就會有更厲害的東西出現在市面上，若無特殊理由，現代人很難堅持將一個壞掉的物品修好並繼續使用。總之，基於上述種種原因，我們往往選擇放棄維修物品、放棄了讓物品變得更耐用。

赫爾辛基每年都會舉辦「垃圾實驗室」（Trash Lab）活動，由非營利組織Pixelache主辦，讓人們互相交流如何維修故障或破損物的相關技能與知識。只要將需維修的物品，如筆電、照相機、杯子、家具等帶到活動現場，在場的木工、電器等各領域維修專家就會一邊展示修理過程，一邊給予維護建議，有時甚至出動3D列印機或大型木工機械。任何想修理物品，或想幫助別人修好物品的人都可以參加，即便純粹是現場觀摩也非常歡迎。「垃圾實驗室」受到自荷蘭興起、如今已拓展至歐洲各地的「維修咖啡館」（Repair Café）所啟發而誕生，活動目的是希望人們盡可能將目前擁有的物品修好、讓物品長久耐用，減少不必要的垃圾與消費。透過這類活動，許多生活用品都重獲新生，如咖啡機、烤麵包機、吸塵器、燈具等。二〇〇二年出版且深刻影響設計界的著作《從搖籃到搖籃》（*Cradle to Cradle*）作者威廉．麥唐諾（William McDonough）指

二〇一三年舉辦的「垃圾實驗室」活動讓大家一起學習如何修理故障或破損的物品，點出現代人快速消費、快速丟棄的文化之不是，強調改善的必要。

人們一起學習如何修理筆電。

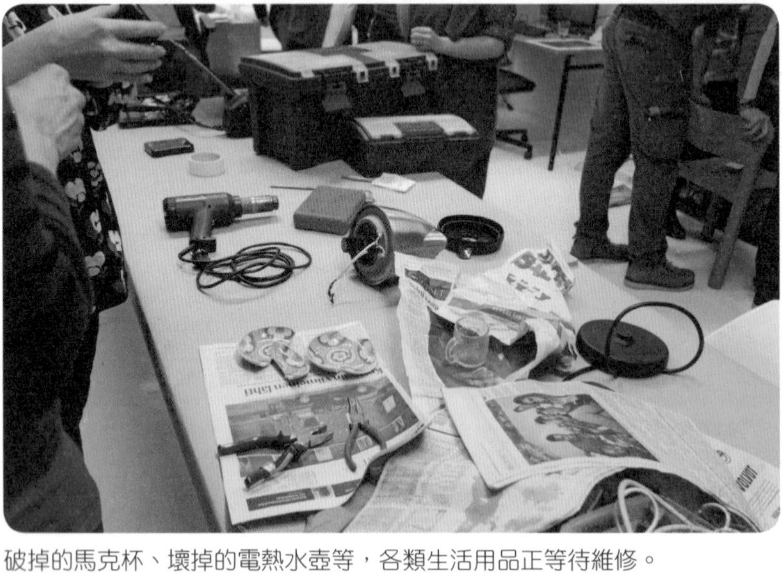

破掉的馬克杯、壞掉的電熱水壺等，各類生活用品正等待維修。

現場也備有木工機械以修理破損的家具。

出，製造商的「計畫性汰舊」（planned obsolescence）[2]讓消費者變得麻木，不斷丟掉物品並遺忘。維修咖啡館的價值在於讓人們找回與物品之間的連結。[3]也就是說，該社會運動的意義不僅是純粹將物品修理好，更希望每個人都能更愛惜物品，並且珍惜使用。

1 永續性（sustainability）是指可不斷持續下去的可能性。其中，環境永續性是指在不傷害環境與加重環境負擔的情況下，讓未來的世代可持續使用資源的可能性。

2 計畫性汰舊，指製造商計畫性地使當下版本的產品在一定時間之後變得老舊或失去用處，促使消費者未來能購買新的產品，刺激消費需求。網址：www.investopedia.com。

通知更換或頻繁更改設計、中斷零件供應、使用不耐用的耗材，都是計畫性汰舊的手段之一。

David Bach, '1001 Financial Words you need to know', p147.

3 Pixelache, 'Repair Café at Pixelache office', accessed 30 Jun 2019. 網址：pixelache.ac/events/repair-cafe-at-pixelache-office。

後記

我讀小學時曾有大規模的宣導活動，告訴大家氯氟碳化物會破壞地球的臭氧層，別再購買那些造成破壞的元兇——定型慕斯和噴霧。那時女孩子很流行用髮捲捲出又圓又蓬的瀏海，再用定型慕斯和噴霧固定，無論颳多強的風或做多大的動作都不會亂掉。愈受歡迎的女孩子，瀏海蓬度往往愈高。男孩子的話，也有很多人抹著滿滿的髮膠來上學。那大約是二十五年前的事。如今，人類已切身體會氣候變遷的問題，已經到了必須積極應對、找出能減緩氣候變化速度、盡可能溫和地適應劇變的時刻。[1]

「氣候變遷」一詞用以統稱世界各地氣候出現無法預測之發展的現象，原先僅聚焦於全球暖化，但事實上，氣候變遷影響的不僅僅是溫度高低，對於攸關人類生存與否的糧食與土地也造成了莫大的影響。例如，數十年來每年都定期收成的農作物因為氣候變化再也無法繼續栽培；原本不存在於當地的動植物、蟲害及病菌接二連三出現；極地冰川融解、造成海平面上升的話，無數人將失去原本賴以維生的耕地和家園。地球的氣候在過去一萬兩千年間相對穩定，這種穩定性對於人類的文明及生命的發展具有關鍵作用。現代人擁有的生活，實際上依存著我們習以為常的穩定氣候。

然而，隨著氣候開始產生變化，我們不得不探索與學習適應變化的方法。氣候變化的速度愈快，適應難度愈高。[2]問題是，人類要改變數十年、數百年以來的生活方式需要時間，氣候很快就變化，必定會導致人類的健康及當地的經濟活動出現混亂與損失。

一九九〇到二〇〇〇年代只要一提到環境議題，往往被認為是沉悶，甚至叛逆的人。我只是出於好奇和擔心而提問，得到的卻經常是「不要想那些有的沒的！」、「如果不開發，要怎麼進步？」、「難道你這輩子什麼東西都不用嗎？」之類，偏激、充滿攻擊性且拒絕對話的回應。我只記得自己除了一陣驚慌，什麼都做不了。在許多人眼中，思考那些無法帶來任何立即性利益的環境問題只是浪費時間。某些人甚至認為，那只不過是政治宣傳的伎倆之一。

或許，未來會和我擔心的不一樣，變得更安穩、更富足；人類會發展出卓越的科學技術，克服氣候變遷、土壤污染、水資源短缺、農業危機等威脅，並且開發出好用的替代能源，讓下一代能和上一代一樣享受平穩的生活。又或者，人類可能會將渺無希望的地球拋諸腦後，到別的星球上重新開始也說不定。

如今，我們再也無法單純地笑看科幻小說或災難片，因為裡面的內容很可能就是我們即將面對的未來。克里斯多福．諾蘭（Christopher Nolan）導演的電影《星際效應》（*Interstellar*）描述，地球因為經常出現沙塵暴，人類不戴口罩就無法生存，農作物也因為深受病蟲害而經常歉收，人類逐漸失去希望，遂離開地球，尋找其他可供人類生存的星球。第一次觀看時，我心中感受到的那股沉重和鬱悶既不是因為男主角焦急的父愛，也不是因為我迫切期待劇中人物完成任務，而是因為——我彷彿看見了人類即將面對的現實，因此由衷地感到恐懼。只要想到小學科幻繪畫比賽裡經常出現的氧氣面罩事實上與我們現在戴的防霾口罩沒有太大區別，我不禁感到絕望。

儘管擔憂，我卻沒本事站出來行動。不，坦白說，我其實不知道自己應該做些什麼。做為區區的人類個體，面對如此龐大的問題，我只覺得自己無能為力。這算是一種藉口嗎？我總覺得，無論再怎麼拚命操心、戰戰兢兢，好像也不可能讓一顆全速往前滾動的石頭產生任何減緩的跡象。另一方面我又覺得，這只不過是發達的人類文明其中某個片段罷了，應該不用想得那麼嚴重。自己不懂得好好享受當下，又經常要求踩煞車，反而顯得笨拙。我只希望有人能像好萊塢電影裡的英雄一樣，現身替我們解決這一切。

撰寫這本書的過程中，我遇見了許多人，透過對話獲得了很多慰藉。我看見很多平凡的人也抱持著和我相似的煩惱、想法及疑問，一邊徬徨一邊生活著；也有很多人在能力所及的範圍內不斷地努力。

現在似乎到了我們該拋棄「物品能幫忙解決問題」的信念，反思過往消費模式的時候了。我們應該多花點時間，細想自己的行為可能帶來哪些後果。有一陣子，帆布製的環保購物袋蔚為流行，變成了一種時尚，但你我都不應忘記，購買新的白色帆布包來用並不是真正的環保購物袋，長久使用我們原本就有的購物袋，才是真正的環保購物袋。

1 鄭妍華〈氣候變遷：除了減緩，也要適應〉《ONKweather》，二〇一三年七月二十九日網路報導。

2 NASA: Climate Change and Global Warming, 'Responding to Climate Change', accessed 4 Jul 2019. 網址：climate.nasa.gov/solutions/adaptationmitigation。

ACROSS 064

二手芬蘭：從跳蚤市集到二手商店，來自家具設計師的參與式觀察報告

作　者—朴炫宣（박현선）
譯　者—邱麟翔
責任編輯—陳詠瑜
行銷企畫—林欣梅
校　對—聞若婷
封面設計—FE工作室
內頁設計—張靜怡

編輯總監—蘇清霖
董事長—趙政岷
出版者—時報文化出版企業股份有限公司
一〇八〇一九臺北市和平西路三段二四〇號三樓
發行專線—（〇二）二三〇六—六八四二
讀者服務專線—〇八〇〇—二三一—七〇五
（〇二）二三〇四—七一〇三
讀者服務傳真—（〇二）二三〇四—六八五八
郵撥—一九三四四七二四時報文化出版公司
信箱—一〇八九九臺北華江橋郵局第九九信箱

時報悅讀網—http://www.readingtimes.com.tw
電子郵件信箱—newstudy@readingtimes.com.tw
時報出版愛讀者粉絲團—https://www.facebook.com/readingtimes.2
法律顧問—理律法律事務所　陳長文律師、李念祖律師
印　刷—和楹印刷有限公司
初版一刷—二〇二二年十月二十八日
定　價—新臺幣四五〇元
（缺頁或破損的書，請寄回更換）

時報文化出版公司成立於一九七五年，
一九九九年股票上櫃公開發行，二〇〇八年脫離中時集團非屬旺中，
以「尊重智慧與創意的文化事業」為信念。

二手芬蘭：從跳蚤市集到二手商店，來自家具設計師的參與式觀察報告／朴炫宣（박현선）著；邱麟翔譯 . -- 初版 . -- 臺北市：時報文化出版企業股份有限公司, 2022.10
304 面；14.8×21 公分 . --（Across 系列；64）
譯自：핀란드 사람들은 왜 중고 가게에 갈까？：헬싱키 중고 가게，빈티지 상점，벼룩시장에서 찾은 소비와 환경의 의미
ISBN 978-626-335-965-9（平裝）

1. CST：社會生活　2. CST：生活型態　3. CST：芬蘭

747.63　　111014831

ISBN 978-626-335-965-9
Printed in Taiwan